하나님은 그런 분이 아닙니다

지은이   조 성 희
초판발행   2017년 12월 15일
펴낸이   배용하
책임편집   배용하
일러스트   천정연
등록   제364-2008-000013호
펴낸곳   도서출판 대장간
              www.daejanggan.org
등록한 곳   대전광역시 동구 우암로 75-21
편집부   전화 (042) 673-7424
영업부   전화 (042) 673-7424 전송 (042) 623-1424
분류   기독교 | 신앙 | 에세이
ISBN   978-89-7071-427-1   03230

 값 15,000원

조성희 신앙에세이

하나님은 그런 분이 아닙니다

차 례

차 례

추천의 글

김 홍 덕 목사

조이장애선교회 대표, 『장애신학』 저자

먼저 이렇게 말씀드리고 싶네요.

장애인의 글을 통해 일종의 카타르시스를 느끼고 삶의 의지를 다시한번 곧추세우고자 하는 사람에게는 이 책을 추천하지 않겠습니다. 그러나 자신과는 삶의 쾌적이 다른 사람의 삶의 생각을 들으면서 삶에 잔잔한 영향력을 경험하고 싶은 사람에게는 이보다 더 좋은 책은 없다고 감히 말하고 싶습니다.

흔히 장애인의 글이라고하면 자신의 신체적 어려움을 부각시켜 독자들의 동정심을 유발하거나 눈물샘을 자극하여 장애인에 비해 축복을 받은 사람이라는 것을 확인해 주는 것을 그 목적으로 할 때가 많습니다.

그러나 조성희씨는 자신의 처지를 비관하거나 비하하는 것으로부터 독자를 울리고자 하는 의도가 전혀 없습니다. 어려움이야 왜 없겠습니까마는 그는 어려움을 말하기보다는 어려움을 다스려나가는 능력을 얻는 과정을 담담히 말합니다. 그리고 그로 인해 얻는 능력을 노래합니다.

흔히 신앙간증하면 기도하며 신앙으로 극복했더니 어려움은 떠나고 건강과 물질의 축복을 받았다라는 공식으로 끝날 때가 많습니다만 조성희씨는 이런 심파소설류의 언어의 유희를 전혀 할 줄 모릅니다. 오히려 자신에게 주어진 장애를 그대로 받아들이고 다르게 사는 방법을 터득해 나갑니다.

은혜란 자신의 할일을 하나님께서 대신 해주는게 아니라 그날의 짐을 지고 갈수 있었음을 땀닦으며 고백하는 것이라고 담담하게 말합니다.

⋯▶ ⋯▶ 많이 가지고도 감사와 만족을 모르는 사람들에게서 흔히 낮은 자존감을 발견합니다. 하지만 저자는 신체적 비교를 통해 좌절감이나 열등감에 빠질 이유가 어디있느냐가 오히려 되묻습니다. 상호비교를 통해 군이 자신의 자존감을 파괴시키는 삶을 선택할 이유가 없다고 말합니다. 그래서 마치 제3자가 말하듯 그는 자신의 약점을 담담하게 말합니다. 맞춤법이 엉망인 자신의 글에 대해서 그것은 자신의 장애로 인해 교육의 기회를 얻지 못해 배우지 못했을 뿐 오히려 말만 번듯한 글보다 건강한 생각을 담은 글을 쓰는게 더 중요하다며 감히 세상에 자신의 이름으로 책을 내놓는다고 소개합니다.

신체적 장애가 자신을 옭매고 있음에도 불구하고 자신은 얽매임대신 자유함을 선택했다고 말합니다. 참된자유는 해방이라고 선언하면서 억지열심과 자신을 옭아매고 있는 올가미에서 해방받는 삶을 터득하게 되었고 그래서 고달픈 인생길마저 참행복하다고 고백하는 여인.

⋯▶　⋯▶ 장애인뿐만 아니라 사람들은 자신의 삶을 살면서 다른 사람의 기준과 평가와 행복의 기준으로 삽니다. 그래서 다른 사람의 눈의 반응에 따라 자신의 행복지수가 매겨집니다. 그러나 저자는 진정한 삶의 행복은 다른 사람의 가치에 맞추려고 억지 노력을 하는게 아니라 자신에게 주어진 삶에 충실하는 것이라는 지극히 원론적인 결론을 우리에게 다시한번 확인해 줍니다. 장애인들은 비장애인들에게 삶의 도전을 줌으로서 큰 일을 하는 것이라고 충동질하는 사회에서 담담하게 그리고 당당하게 자신의 삶의 철학을 던지는 조성희씨의 고백이 새롭고 신선해 보이는 이유입니다. 지금 세상이 본질적으로 너무 멀리가 있다는 증거가 되기 때문입니다.

⋯▶　⋯▶ 오랜만에 같은 철학을 가지고 사는 장애인 자매를 만나 무척이나 기쁜마음입니다. 기쁨과 존경의 마음으로 이 책을 추천합니다.

추천의 글

안 진 섭 목사

새누리2교회 담임

이 책에 실린 글들은 본래 조성희 자매가 자신의 지나온 삶을 반추하며 한 꼭지씩 일 년여에 걸쳐 페이스북에 썼던 글을 모은 것입니다. 우리 교회 성도이기 때문에 자매를 심방하거나 만날 때마다 그의 인생과 생각을 나눌 기회가 간혹 있었습니다. 그러던 중 조성희 자매와 페이스북 친구가 된 후 자매의 글을 매 주 한 편씩 보게 되었습니다. 한 꼭지의 글이 꽤 긴 분량인 것을 보고 자매가 온 몸으로 사력을 다해 이 글을 쓰고 있다는 생각이 들었습니다. 이 책은 조성희 자매가 자신의 온 삶을 온 몸으로 써 내려간 것입니다. 고통에 직면할 때마다 그것을 회피하지 않고 정면으로 그 고통에 맞서 분투하는 삶을 살아낸 살아 있는 기록입니다. 절벽 끝에서, 바다 한 가운데서 위기와 고독의 순간에 그를 찾아오신 하나님과의 만남의 기록입니다. 우리 모든 신앙인의 삶이 그렇듯 이 책에는 조성희 자매가 슬프고 기쁜 인생의 시간에 살아계신 하나님과 함께 교통하면서 겪었던 내면의 심경이 오롯이 담겨 있습니다.

⋯▸   ⋯▸ 성희 자매의 지인들은 자매가 쓴 글을 보며, 또 자매와 대화하다가 불편한 몸의 내면에 있는 그녀의 빛나는 영혼을 발견하였습니다. 그 속에 평생에 걸쳐 깎이고 다듬어진 보석 같은 통찰력이 있다는 사실도 알게 되었습니다. 이 책은 저를 비롯하여 자매를 가까이 아는 지인들이 여러 번 권고하여 나온 책입니다. 조성희 자매의 내면에 부어주신 하나님의 은혜가 주변에 있는 소수의 사람들만 알고 묻히는 것이 안타까웠습니다. 양태는 다르지만 인간은 누구나 자기 몫의 고난의 짐을 지고 삽니다. 자매의 지나 온 삶의 이야기가 더 많은 이들에게 위로가 되고, 인생의 길잡이가 되고 응원이 될 것이라고 믿었기에 꼭 책으로 내자고 제안했던 것입니다. 페이스북의 글로 그냥 지나칠 뻔한 이 글이 이렇게 아름다운 그림과 함께 출간된 것이 얼마나 기쁜지 모르겠습니다. 매 꼭지마다 주제가 확연히 드러나도록 성희 자매의 생각을 그림으로 살려내 준 벗이자 교우이고 동네 사람인 봄이 엄마 천정연 자매님께도 동일한 감사를 드립니다. 저는 독자들께서 이 책을 통해 뇌성마비 장애인 조성희가 아니라 인간 조성희, 그리스도인 조성희의 삶의 증언들을 볼 수 있으리라고 기대합니다.

추천의 글

정용균 목사

부산장애인전도협회 대표

조성희 씨. 저는 그를 잘 모릅니다. 한 번도 만나본 적이 없습니다. 그런데 그의 글을 처음 대했을 때에 이 사람 참 단단하다는 느낌이 들었습니다. 그는 장애인입니다. 그것도 중증장애를 가지고 살고 있습니다. 평생 그렇게 살았습니다. 저도 장애를 가지고 일생 살았기 때문에 압니다. 그것이 얼마나 사람을 힘들게 하는지, 또 얼마나 사람을 막막하게 하고 주눅 들게 하는지…. 그것을 잘 압니다. 그런데 그는 자신이 가진 장애 때문에 기죽지 않습니다. 주눅 들지 않습니다. 부끄러워하지도 않습니다. 그것이 저는 무엇보다 좋았습니다. 당당한 모습이 좋았습니다.

⋯〉　⋯〉그가 책을 내기로 결심한 것은 주변의 권유 때문입니다. 그런데 그의 글을 보면, 특히나 페이스북에 올린 글을 보면, 맞춤법에 어긋나는 글자가 많은 것을 발견합니다.

그는 열 살 때에 한글을 혼자 배우고 익혔습니다. 한글뿐 아니라 숫자와 덧셈, 뺄셈과 시계 보는 것을 거의 혼자 배우고 익혔습니다. 공부를 너무 하고 싶은데 아무도 가르쳐 줄 사람이 없어서 모든 방법을 동원하여 배우고 익혔습니다. 그렇게 익힌 한글이라 맞춤법에 어긋나는 것이 많다고 합니다. 그런데도 그는 그 때문에 의기소침하거나 부끄러워하지 않습니다. 만약 그런 마음이 조금이라도 있었다면 그는 글을 쓸 엄두를 내지 못했을 것입니다.

⋯ ⋯ 언젠가 한 사람이 제게, 어쩌면 장애인은 한 달란트 받은 사람인지도 모르겠다는 말을 한 적이 있습니다. 한 달란트 라도 땅에 묻어두지 말고 그것을 활용하며 살 수 있기를 바란다는 마음에서 그 같은 얘기를 한 것입니다. 부족하면 부족한 대로 그 것을 인정하고 그것을 표현하며 즐겁고 행복하게 살기를 바란다 고 했습니다. 성경을 보면, 한 달란트를 받은 사람은 자신이 받은 달란트를 땅에 묻어두고 있다가 주인에게 엄한 책망을 받지요.

⋯ ⋯ 우리는 가끔 장애인을 볼 때에 한 수 접고 들어가는 경우가 있습니다. 장애인인데 얼마나 잘하겠나 하는 생각을 가지 는 것입니다. 그래서 자칫 그의 글도 그런 눈으로 바라볼 수 있습 니다. 그런데 그의 글은 만만치 않습니다. 그가 전하는 메시지가 만만치 않습니다. 문장력도 만만치 않습니다. 그는 자신의 문장 력이 부족하다고 겸손을 떨지만, 그의 문장력은 참 뛰어납니다. 무엇보다 쉽게 읽히는 게 좋습니다. 저는 그런 글을 좋아합니다. 그런 글이 좋은 글이라 생각을 합니다.

⋯ ⋯ 글이 참 좋습니다. 그의 글을 읽으며 자신을 새삼스

럽게 돌아보게 됩니다. 어떻게 살아야 할까 생각합니다. 그의 글
에는 장애인에 대한 얘기가 많습니다. 그가 장애를 가지고 살고
있기에 자연스러운 일이라 하겠습니다. 그러나 그것은 장애인에
게만 국한된 얘기가 아니고 우리 모두의 얘기입니다. 그의 글을
읽다보면 그것을 깨닫게 됩니다. 기쁜 마음으로 일독을 권합니
다.

추천의 글

김 지 한 목사

(춘천 호산나교회)

20여 년 전 춘천의 한 교회에 부임한 나는 그 곳에서 한 천사를 만났습니다. 그 천사는 뇌성마비를 앓고 있는 천사였는데, 세상 어느 누구에게도 볼 수 없는 환한 미소를 짓는 천사였습니다. 그 환한 미소가 얼마나 아름답던지 나는 그 미소에 홀려 그 천사와의 교제를 기다리곤 했습니다.

어느 날 그 천사가 자기의 부끄러운 과거로 나를 초대했습니다. 천사의 말을 듣고 있는 동안 나는 천사가 경험했던 셋째 하늘의 신비와 육체의 가시를 보았습니다. 천사는 목사 앞에서 부끄러운 자신의 육체의 가시를 숨김없이 드러냈습니다. 그런데 가시가 드러날수록 천사가 비천해 보이기보다는 오히려 더 아름답게 보였던 것은 그녀의 삶에서 풍기는 영성과 가식 없는 미소 때문이었을 것입니다.

영적인 세계는 자아가 살고자 하면 죽고, 죽고자 하면 사는 세계입니다. 보리 한 줌을 움켜쥔 이는 쌀가마를 들 수 없고, 곳간을 지은 이는 곳간보다 큰 물건을 담을 수 없습니다. 세상에는 움켜쥐어야 얻는 것이 있고, 움켜쥠으로써 오히려 잃는 것이 있습니다. 얻은 것 같은데 잃고, 잃었는데 얻게 되는 신비한 이치입니다. 하늘을 가진 손은 움켜쥔 손이 아니라 활짝 펼친 빈손입니다.

그 천사는 항상 빈손이었습니다. 한 번은 나에게 어려운 자매 이야기를 들려주며 그녀를 도와야겠다는 것입니다. 제 앞가림도 힘겨운데 말입니다. 그 마음이 얼마나 곱던지 저는 또 다시 천사를 만났습니다. 그 가녀린 몸으로 사람들에게 희망을 심어주기 위하여 컴퓨터의 자판을 두드리는 모습은 애처로움을 삼키게 하는 거룩입니다.

지금도 그 천사는 페이스북에 천사의 삶을 풀어놓습니다. 나는 그 글을 대할 때마다 불편한 몸 때문에 외다리타법으로 양손을 한 손가락을 사용하여 자판을 두드리는 모습이 눈에 선합니다. 가장 못난 사람은 비관적인 현재를 비관하며 사는 사람이고 가장 멋진 사람은 비관적인 상황을 딛고 일어서는 사람이라고 합니다.

감사와 기쁨으로 그 환한 미소를 소유한 천사의 글에 추천사를 씁니다. 더 많은 사람들이 천사를 만나기를 소원하는 마음으로….

추천의 글

박 명 용 목사

30년 친구 | 더누림교회 선교목사

사람들, 특히 나이가 지긋한 어른들은 어린시절이나 젊었을 때를 회상하며 좋았던 시절, 꽃다웠던 때였다라고 말하곤 한다. 그 때를 그리워하고 돌아가고 싶어한다. 주변을 살펴보면 거의 모든 사람들이 좋았던 시절 꽃처럼 아름다웠던 때가 있는 것 같다. 그러나 평생 장애인으로 살아온 나에겐 덜 나쁜 때는 있을지 몰라도 꽃다운 시절 돌아가고 싶은 시절…, 그런 거란 없었다.

그냥 처음부터 못난이였고 약했고 힘들었기 때문이다. 몸이 덜 아프다는 거 말고는 어리다거나 젊다는 것이 지금보다 좋을 것이 하나도 없는 삶이다. 그렇게 어설프고 초라했던 그래서 아름답지도 그립지도 않았던 시절을 함께 지내오고 당시의 기억을 고스란히 공유하는 친구가 있다는 것이 고맙고 위안이 되기도 하지만, 그것이 마냥 좋기만 한 일은 아니다. 왜냐하면 완벽하게 타인일 수 없는, 그래서 아주 조금 불편한 처지에 있기 때문이다. 무엇

을 나누면 곱절이 되고 어떤 것은 나누면 절반이 된다 하지 않던
가?

저자와 나는 30년이 넘는 지기이다. 그 친구와 내가 공유하는
기억속 상황들은 보통의 사람은 경험하기 힘든 삶일 것이다. 장
애가 있어 많이 외로웠고 이른 나이에 가족과 떨어져 재활원이란
시설에서 생활해야 했으며 사회의 외면과 편견 속에서 살아남기
위해 투쟁하듯 자립생활을 했다. 그러면서 전혀 불가능할 것만
같던 결과물들을 거두고 사회와 사람들에게 인정과 찬사도 받았
다. 그리고 이제는 틀어진 몸으로 50년 가까이 살아온 덕에 극심
한 통증에 시달리고 있다. 그 과정 그 시간을 함께 겪어온 것이다.
그래서인지 우리는 어떤 사건이나 상황을 보면 생각하는 방식이
비슷하고 느끼는 감정이 비슷한 그리 유쾌하지 못한 유사성을 갖
고 있다. 어쩌면 그래서 더 특별하고 애정이 가는 친구일지 모른
다.

마음이 잘 통하고 생각도 잘 맞는 친구가 있다는 건 분명 큰 축
복이다. 그리고 그 친구가 또 하나의 삶의 결과물을 세상에 내놓
게 되어 무척 기쁘고 내 얘기를 세상에 내 놓는 것처럼 설렌다. 그
의 마음과 생각을 듣는다는 경험은 독자에게 작지만 소중한 선물
이 될 거라 믿는다.

프롤로그

"성희씨 책 내라."

"자매님, 책 내면 좋을 것 같은데 책 한 권 내세요."

20대 때부터 참 많이 들은 말입니다. 문장 실력이 좋은 것도 아니고 특별한 삶을 살고 있는 것도 아니라서 귀담아 듣지 않고 지금껏 살았습니다. 무엇보다 내가 책을 내면 지나가는 강아지가 웃을 것 같았습니다.

그런데 어느 날부터 얼굴만 마주치면 "글 쓴 거 없냐"고 자꾸 질문을 하는 한 사람이 있었습니다. 처음에는 별 생각 없이 "없는데?" 하고 말았는데 몇 달이 지나도, 그리고 분명히 없다고 했는데도 계속 물어봅니다. 그러던 어느 날 전화가 울립니다. "여보세요? 자매님, 저 이상호형제인데요. 자매님 옆 동으로 이사 왔습니다." 하더군요. 그렇게 이웃사촌이 되면서 이제는 부부가 합동으로 본인들이 도와줄 테니 글을 모아서 책을 내자고 합니다. "글이 있어야 모으든지 말든지 하지, 글도 하나 없거니와 책 낼 생각은 전혀 없어, 내가 무슨 책을 내? 지나가는 강아지가 웃어."하고 거절을 해도 계속 포기하지 않고 권유를 합니다.

그러던 중 평소 선생님으로 모시는 분으로부터 결정적인 한 마디를 듣게 됐습니다. "넌 왜 네 생각만 하니? 만약 너의 글이 꼭 필요한 사람이 있다면? 그리고 그 글을 통해 하나님께서 어떤 일을 하실 지는 아무도 모르는 일인데 어째서 네 고집만 부리니?" 라고 하십니다.

그분으로부터 나의 생각이 잘못된 것이라는 지적과 함께 그렇게 오랜 시간에 걸쳐 계속 권유하는 말을 듣는 것은 하나님께서 주시는 '싸인'일 수 있으니 "네 생각만 하지 말고 신중하게 다시 생각 해 보라"는 충고로 듣고 다시 생각하기 시작했습니다. 무엇보다 "너는 왜 네 생각만 하느냐"라는 말씀과 "하나님께서 주시는 싸인 일 수 있다"는 말씀이 마음에 남았습니다.

책을 내기에는 턱없이 부족하지만 한 발 한 발 내딛다보면 누군가 단 한 사람에게라도 작은 위로가 될 수 있지 않을까 하는 마음에 지난 몇 달간 조금씩 써서 페이스북에 올렸고, 그 글을 모아

책을 냅니다.

여기에 실린 글들은 어디까지나 '조성희'라는 한 개인의 관점으로 쓰여진 글들입니다. 그렇기 때문에 누구에게는 위로가 될 수도 있고 누군가에게는 아무 가치도 못 느낄 그저 그런 글일 수도 있을 것입니다. 그렇다 할지라도 그냥 '한 장애인이 자기 삶의 일부를 그렸구나!' 하고 보아 주셨으면 좋겠습니다. 혹여 은혜가 되는 글이 있으면 그 글을 통하여 인간 조성희가 알려지는 것을 바라지 않습니다. 다만 제 글이 한없는 하나님의 사랑과 은혜를 누리고 알아가는 데 작은 길잡이가 될 수 있기를 바랍니다.

끝으로 중간 중간 흔들리려고 할 때마다 꼭 완성해야 한다고 격려하고 밀어준 이상호 형제와 글 하나하나를 꼼꼼하게 읽고 그림을 그리는 수고를 아끼지 않은 천정연 자매에게 진심으로 고마움을 표합니다.

1. 장애인이 편하면 모두가 편하다

"요즘 세상 많이 좋아졌어, 이런 차가 나와서 장애인들이 마음 놓고 돌아다니고…."

전동휠체어를 타고 외출을 하면 가장 많이 듣는 말 중 하나입니다. 그렇습니다. 많이 좋아졌고 중증장애인들이 활동하는데 있어 불편함이 상당히 줄어들고 수월해진 것은 사실입니다. 지금은 전철역이든 기차역이든 엘리베이터가 설치되어 있지 않은 곳이 별로 없습니다. '장애인차별금지법'이 시행되어 신축 건물에는 엘리베이터와 장애인 화장실과 경사로가 잘 되어 있는 곳이 많아서 예전처럼 외출 중에 화장실을 가지 못하여 고생하거나 엘리베이터와 경사로가 없어서 건물 안으로 들어가지 못해 볼 일을 못 보고 도로 돌아오는 일이 크게 줄었습니다. 그리고 교통약자를 위한 '저상버스'도 몇 년 전부터 도입되어 '전동휠체어'를 타는 중증장애인들도 버스를 탈 수 있게 되었고 '장애인 콜택시'라고 하여 '전동휠체어'를 탄 상태로 탈 수 있는 택시도 있습니다. 뿐만 아니라 '사회보장서비스'라고 하여 '장애인활동보조' 제도도 많이 활성화되었습니다. 어느 분의 말씀처럼 예전에 비하면 우리나라 복지가 굉장히 발전했고 발전한 것에 대하여 감사해야 합니다. 이만하면 우리나라 복지가 많이 좋아진 것은 사실이니까요.

그러나 국가에 감사를 표현하기 전에 이 나라 복지를 위해 목숨을 걸고 싸운 그들을 잊을 수 없습니다. 어떤 성과가 있기까지는 그 성과가 작은 것이든 큰 것이든 반드시 그에 따른 대가를 치러야 함을 인생살이에서 깨닫습니다. 세상에 그 무엇도 거저 얻어지는 것은 없음을 우리는 잘 알고 있습니다. 현재의 장애인 복지는 밤낮을 가리지 않고 짧게는 일주일, 길게는 40일씩 단식투쟁과 거리농성을 비롯하여 한겨울 영하의 날씨에도 불구하고 차디찬 시멘트 바닥에서 투쟁하다가 결국 하늘나라로 가신 그분들의 목숨 값이요, 피나는 노력의 대가라 생각합니다. 지금도 곳곳에서 우리나라의 복지를 위해 투쟁과 농성은 계속 이어지고 있습니다.

서울 광화문 지하도에서는 5년째 '부양의무제' 폐지를 위한 무기한 농성이 이어지다가 바로 얼마 전에 농성 시작일로부터 1842일자로 정부로부터 '부양의무제'를 단계적으로 폐지하겠다는 확답을 받고 농성을 접었습니다. '부양의무제'란 부모가 자식을, 자식이 부모를, 전혀 돌볼 수 있는 형편과 환경이 되지 못함에도 불

아기엄마의 지하철타기

구하고 부모가 자식이 있다는 이유 때문에, 그리고 자식이 부모가 있다는 이유 때문에 국가로부터 아무 혜택을 받지 못하는 제도입니다.

예를 하나씩 들어보겠습니다. 딸이 한 명 있는 중증장애인 가정이 있습니다. 부부가 장애가 심해서 일을 못하기에 '정부지원금'으로 세 식구가 살았습니다. 그런데 딸이 커서 대학에 보내놓고 부부는 큰 걱정을 하기 시작합니다. 딸의 대학 졸업과 동시에 '정부지원금'도 끊어지기 때문입니다. 이유는 이제 딸이 성인이 되었으니 장애인 부모를 부양해야 한다고 주장하는 정부가 만들어낸 '부양의무제'라는 법 때문입니다. 장애인 부모를 둔 자식은 대학교 졸업과 동시에 부모를 책임져야 한다는 커다란 짐을 지게 되는 것이 현실입니다.

이 법 때문에 자살을 하신 독거노인도 있습니다. 쌀독에 쌀이 떨어질 정도로 가난한 노인이 하도 막막하여 주민센터에 찾아가 정부지원금 신청 좀 해달라고 사정을 했다고 합니다. 하지만 사위가 회사에 다니기 때문에 '지원대상에서 탈락'이라는 말만 하고는 이 노인의 딱한 사정은 들은 척도 하지 않자 이 노인이 선택한 것은 결국 '자살'이었습니다. 이 노인은 주민센터 앞에서 농약을 먹고 자살했습니다. 그런데 더 어처구니없는 것은 설명을 하고 도움을 요청했으면 도와줬을 텐데 죽음을 선택해서 애석하다는 관계자의 말이었습니다. 무엇을 어떻게 더 설명하고 무엇을 어떻게 더 도움을 요청했어야 할까요? 주위에 부모님이 계시다는 이유 때문에 해택을 전혀 받지 못하고 어렵고 힘들게 살아가는 중증 장애인들이 있습니다. 누구에게나 개개인의 삶이 있듯이 부모는 부모의 생활을 해야 하며 자식은 자식의 생활을 해야 합니다.

결코 그 어떤 경우에서도 가족관계가 사슬이 되어서는 안 된다고 생각하기 때문에 '부양의무제' 제도는 반드시 폐지되어야 한다고 봅니다. '부양의무제'가 폐지되면 누가 누구를 부양해야 하는 사슬에서 완전히 벗어나게 될 것입니다. 부모가 자식을, 자식이 부모를 부담스러워 하지 않아도 될 일들, 즉 가장 기본적인 생존 문제로 인해 자살을 하고 칼부림하는 일은 없어야 한다고 생각합니다.

대전으로 오기 전의 일입니다. 이날도 농성을 하고 있는데 어디선가 "저것들은 줄수록 양양이야!" 하며 지나가는 사람이 있었습니다. 말이 다 말은 아닙니다. 그런 말은 해서는 안 될 말입니다. 장애인 복지가 꼭 장애인만을 위한 복지일까요? 개인적으로 장애인이 편하면 모두가 편하다고 생각합니다. '전동휠체어'를 타고 다니시는 분들이 모두 장애인일까요? 길에서 보면 실질적으로 장애인보다 연세 드신 노인 분들이 '전동휠체어'를 타고 다니시는 경우가 훨씬 많습니다.

'엘리베이터'도 그렇습니다. 전철을 타기위해 전철역 엘리베이터 앞에 가 보면 장애인 보다 비장애인들이 훨씬 많고 유모차와 노인 분들도 심심치 않게 볼 수 있습니다. 심지어 장애인은 뒷전이고 비장애인들이 우선으로 타려고 하는 사례도 허다합니다. 경사로 역시 장애인 뿐 아니라 유모차와 자전거 모두 함께 사용 가능합니다. 계단이나 턱은 말 그대로 팔, 다리가 성하고 아주 건강한 사람만 이용 가능하지만 장애인이 이용할 수 있는 시설들은 사실상 누구나 이용가능한 시설이 많습니다.

그렇습니다. 장애인이 편하면 모두가 편한 세상이 됩니다.

2. 건강한 자아

가끔, 마치 자신이 세상에서 가장 불쌍하고 가장 힘든 사람인 것처럼 말하는 사람들을 만나곤 합니다. 그런 사람들의 삶을 들여다보면 그들은 늘 불행합니다. 아무도 자신을 사랑하지 않는다고 불평과 원망을 합니다. 그렇기 때문에 늘 마음에 허(虛)함을 느끼고 살아가는 것 같습니다. 그 허(虛)한 마음을 채우기 위해 끊임없이 분주한 삶을 살아가고 있으나 여전히 채워지지 않고 힘들고 불행하며 늘 남의 떡만 커 보입니다. 때문에 늘 부러워하고 배 아파 하며 본인에게는 그런 행복이 일어나지 않는다고 불평합니다.

지인 중에 굉장히 활동성이 있고 사교성이 좋은 분이 있습니다. 늘 열정적이며 하루를 참 열심히 살아가는 분인데 본인이 가지고 있는 좋은 재능과 행복은 전혀 보지 못하시고 오히려 저를 부러워하고 배 아파합니다. 이유인즉 본인은 열심히 뛰는데도 본인 주변에는 아무도 없는데 저는 그냥 가만히 있기만 해도 주위에 사랑의 손길들이 참 많다는 것입니다.

이웃집 11개월 아가

참 아이러니한 일입니다. '세상에 부러워 할 사람이 없어서 나 같은 사람을 부러워하고 배아파하나' 하는 생각이 들기도 합니다. 이것저것 다 제쳐놓고 무엇보다 본인은 건강한 몸을 가졌습니다. 반면 저는 밥 숟가락 하나 들지 못하는, 그야말로 누군가의 도움 없이는 단 하루도 살아 갈 수 없는 중증 장애인입니다. 조건으로 보나 무엇으로 보나 전혀 어울리지 않는 일입니다. 이 어울리지 않는 일들이 가끔 생길 때가 있는데 그럴 때마다 그분들의 삶이 안타깝고 불쌍합니다. 그들은 건강한 몸은 가졌지만 건강한 자아 는 갖지 못한 듯합니다.

우리집에 일주일에 한 번 놀러오는 11개월 된 아가가 있습니다. 상식적으로 생각할 때 아직 돌도 되지 않은 아가에게 무엇을 기대할 수 있을까요? 말 그대로 아주 약한 아가입니다. 그런데 저는 요 작고 약한 아가에게서 일주일에 한 번 씩 아주 큰 선물을 받습니다. 귀엽고 해맑은 얼굴로 한 번씩 웃어주는 앙증맞은 모습을 보고 있노라면 절로 행복해집니다. 매주 받는 이 선물이 얼마나 큰 기쁨이고 행복인지 모릅니다.

이와 같습니다. 이 땅에 어느 누구도 사랑을 줄 수 없을 정도로 가난한 사람은 아무도 없습니다. 또한 이 땅에 어느 누구도 사랑을 받지 못하는 사람도 없다고 생각합니다. 다만 자기 스스로 불행이라는 올가미에 묶여 본인에게 오는 사랑을 인식하지 못함이 아닐까 생각합니다. 행복과 불행은 조건이나 환경에서 오는 것이 아니라 건강한 자아에서 나오는 것이라 생각합니다.

누구에게나 저마다의 짐은 다 있습니다. 어느 누구도 고통 없는 삶이 없고 힘들지 않은 삶도 없습니다. 이 글을 쓰고 있는 저도 지금 어깨가 빠질 듯이 아픈 통증을 끌어안고 자판을 치고 있습니다. 모든 뼈가 틀어지고 탈골되고 무너진 상태입니다. 뿐만 아니라 위장 등 여러 장기들도 뒤틀려 딱딱하게 굳어진 상태라서 마음 놓고 무얼 먹지도 못할 때가 많습니다. 의사조차 너무 막막하여 환자에게 "어떻게 해요?"라고 말하는 일은 극히 드문 일일 것입니다. 그런데 그 말을 적어도 몇 번은 들은 것 같습니다. 정말 어느 때는 살아있다는 것이 고통일 때가 있습니다.

그러나 이렇게 힘들고 고통스러운 나의 삶이 결코 불행하거나 원망스럽지 않습니다. 그리고 나약하거나 불쌍하게 보이고 싶지도 않습니다. 비록 힘들고 고통스러운 삶이지만 이 모습이 다가 아니기 때문입니다.

감히 말할 수 있습니다. 제게는 '건강한 자아'가 있다는 것을요. 때문에 감사와 기쁨과 행복, 그리고 나눔도 있습니다. 지금 있는 이 자리에서 할 수 있는 만큼 나누며 살 것입니다. 더 가지려고도 하지 않을 것이며 더 많은 것을 나누려고도 하지 않을 것입니다. 지금까지 그래왔듯이 하나님의 사랑 안에서 하나님께서 주

시는 사랑으로 있는 자리에서 할 수 있는 만큼 감사와 기쁨을 나
누며 살아갈 것입니다.

3. 2004마리의 종이 학

　우리집에는 종이학이 2004마리가 있습니다. 많은 분들이 궁금해 합니다. 이 학은 교도소에 수감되어 있던 어느 재소자분이 저를 생각하며 한 마리 한 마리 정성들여 접어서 보내주신 학입니다. 저를 생각하며 접으신 그 마음이 너무 귀하고 고맙게 생각되어 이사를 여러 번 했음에도 불구하고 꼭 챙기게 되어서 여기까지 오게 되었습니다. 장담은 못 하겠지만 이 땅에 살아있는 동안은 계속 간직하지 않을까 싶습니다.

　'웬 재소자?' 하며 의문이 생기시죠? '나도 누군가에게 아주 작은 도움이 되는 사람이었으면 좋겠다.'라는 생각을 하며 도움이 필요한 사람을 찾고 있던 25살 어느 날, 교도소 선교 일을 하는 어느 분을 우연히 알게 되면서 교도소에 수감되어 있는 재소자 두 분과 연결이 되어 편지로 교제를 시작했습니다. 그 후로, 수십 명의 재소자분들과 15년 가량 편지 교제를 나누었습니다. 당시에는 컴퓨터도 없었고 스마트폰도 없었기 때문에 모든 편지를 손으로

← 1000마리

← 1004마리

나를 생각하며 접은 그 마음...

써야 했습니다. 하루에 20~30통의 손 편지를 쓸 때도 있었는데 편지 쓰다가 몸살도 여러 번 나곤 했었습니다. 그런데 두 사람이 어떻게 수십 명이 되었을까요?

보통 한 방에 4~5명의 재소자분들이 함께 생활하시는데 이 중 한분에게 편지가 도착하면 같은 방에 계신 다른 분들이 본인에게 도 소개시켜 달라고 하거나 아니면 주소를 달라고 하여 편지를 보 내시기도 합니다. 또 이분들이 다른 교도소로 이감되기도 하는데 그곳에서도 다른 분들이 소개시켜달라고 했다고 합니다. 이런 식 으로 차츰 퍼지게 되어 나중에는 전국의 교도소를 거의 알게 되었 고 이 사실이 알려져 어느 선교사무실에서 짧게나마 간사로도 일 을 하기도 했습니다.

15년가량 이 일을 하면서 많은 재소자 분을 만나고 편지를 썼는 데 그만큼 사연도 다양했습니다. 정말 착하고 성실하며 열심히 살 다가 한 순간의 실수로 교도소 생활을 하는 분들도 많았고 개중에 는 억울한 재소자도 있었고 쓰레기 같은 재소자도 있었습니다.

많은 사연들을 모두 말씀 드릴 수는 없고 살인죄로 무기징역을 살던 재소자 한 분의 이야기를 하려 합니다. 토끼 같은 아들 딸을 둔 착실한 치과의사였습니다. 그런데 어느 날부터 퇴근을 해서 집에 들어가면 아내는 없고 아이들만 배를 곯고 있더랍니다. 이 상하다 싶으면서도 별 의심 없이 지내다가 우연히 아내가 어느 남

자랑 카바레에서 나오는 것을 보고 화는 났지만 아내에게 다시는 카바레에 출입하지 않겠다는 말을 믿고 살았습니다. 하지만 아내의 카바레 출입은 이어졌고 급기야 돌이킬 수 없는 일이 생겼습니다.

어느 날 퇴근을 해서 집에 갔더니 큰 아이가(7살) 라면을 끓여 동생(5살)과 먹으려다가 냄비를 엎질러서 손과 발에 화상을 입고 동생과 울고 있더랍니다. 아이들을 업고 응급실에 갔겠지요. 그렇게 아이들을 진정시키고 아내를 찾아 나섰습니다. 수소문 끝에 아내가 어느 호텔에 있다는 것을 알고 그 호텔로 가서 문을 열었는데 아내는 어느 외간남자와 침대에 있었습니다. 이 광경을 보고 누군들 이성적일 수 있을까요? 순간 이성을 잃고 호텔 방 한쪽에 있는 석유난로를 침대에 던져버렸습니다. 이렇게 하여 이 사람은 살인죄인이 되어 무기징역으로 판결이 났습니다. 누가 감히 이 사람에게 손가락질을 할 수 있을까요. 누구도 이 분께 손가락질할 수도, 할 자격도 없다고 생각합니다.

이렇게 아픈 사연들이 있는가 하면 저에게 빌붙으려하는 사기성 있는 사람도 있었습니다. 선교사무실에서 일할 때 있었던 일입니다. 재소자 한 사람이 출소해서 찾아왔습니다. 그동안 감사했노라 인사차 온 것 같았습니다. 종종 있는 일이라서 기쁘게 인사 나누고 헤어졌는데 며칠이 지나자 힘들어하며 돈이 필요하다고 했습니다. 뭐 그런 일도 아주 가끔은 있는 일이라 의심 없이 돈을 보냈는데 불과 몇 시간이 지나지 않아 다시 전화가 왔습니다. 깡패들에게 돈을 빼앗겼다고 이야기를 하는데 직감적으로 어떤 '싸인'이 왔습니다. '빼앗긴 것이 아니라 도박을 했구나'라는 싸인이었습니다.

그 후로 더 이상의 도움은 끊었습니다. 그런데 계속 전화가 옵니다. 그래도 가만히 있자 급기야 자기 죽는다고 하면서 마지막으로 연락한다고 합니다. 여러분 같으면 이 상황에서 어떻게 하시겠습니까? 정말 죽을까봐 겁이 나서 달래겠습니까? 아니면 어떻게 하시겠습니까. 저는 죽으라고 호통을 쳤습니다. 당신 같은 쓰레기만도 못한 인간은 살 가치도 없으니 당장 죽으라고 했습니다. 사지 멀쩡해 가지고 뭐 할 짓이 없어서 나 같은 사람한테 빌붙으려고 하냐며 부끄럽고 창피한 것도 모르는 당신이 사람이냐고, 그렇게 살 거면 차라리 죽으라고 호통을 쳤습니다. 그리고 한 마디 더 했습니다. 아무것도 오염시키지 말고 죽으라고…. 얼마 후 전라도 어디에서 살고 있다는 소식을 들었습니다.

이런 사람이 있는가 하면 교도소 안에서도 돈과 물품들을 요구하는 사람도 가끔 있었으며, 반면 '조성희'라는 사람을 알고 있다는 사실 자체만으로 힘과 용기를 얻고 위로가 되어 자신들이 너무 작아 보이고 부끄럽다며 자신들의 지난 삶이 후회스럽다고 진심으로 뉘우치는 분들도 많았습니다. 그런 분들은 어떻게든 고마움을 표시하려고 노력하며 오히려 우표후원으로 많이 도와주셨습니다. 가끔 교도소를 방문했다가 영치금과 선물 등을 넣어주면 어떤 분은 다음에는 이것 혹은 저것을 넣어 달라고 하는데 어떤 분들은 염치없는 짓 그만 하고 싶다며 앞으로는 넣지 말라고 합니다.

가정불화, 혹은 가난하여 따스한 온정이 무엇인지도 모르고 유년시절과 청소년시절을 보내다가 친구를 잘못 사귀어서, 혹은 악덕 아르바이트 주인을 만나서 교도소로 들어오는 사람들도 상당히 많았습니다. 힘없고 가난한 사람이 정을 느끼고 살기엔 이 사회가 한없이 차가운 사회임을 실감하게 되는 일들을 여러 번 보고 느꼈습니다. 편지교제를 하다가 마음이 아려올 때가 종종 있었는데 편지내용에 "이곳에 들어오기 전에 자매님 같은 진실한 친구 한 명만 있었어도 이곳에 들어오지 않았을 것입니다."라는 내용의 편지를 받으면 정말 마음이 많이 아팠습니다. 그만큼 이 사회가 차갑고 냉정하다는 뜻이니까요.

우리는 교도소 갔다 왔다고 하면 우선 색안경부터 끼고 보는 경향이 있습니다. 그러나 색안경을 끼기 전에 그 사람이 왜 무엇 때문에 그곳을 갈 수밖에 없었는지 깊은 관심을 가져본 다음에 색안경을 껴도 늦지 않을 것입니다. 그러면 이 사회가 아주 조금은 따스해지지 않을까요?

4. 미안합니다, 고맙습니다, 사랑합니다

"미안합니다", "고맙습니다", "사랑합니다". 언제 들어도 기분 좋은 말이고 따스함을 안겨주는 말인 것 같습니다. 그런데 우리는 이 단어들을 사용하는데 있어 많이 인색한 것 같습니다.

왜 일까요 듣는 사람도 기분 좋고 말하는 사람도 기분 좋아지게 하는 이 아름다운 말들을 왜 우리는 그렇게 인색할 만큼이나 사용하기가 힘들고 어려울까요?

어쩌면 그것은 용기가 없어서일지도 모르겠다는 생각이 듭니다. 고마움을 표현할 용기, '사랑한다'고 말할 용기(저는 부모님께 "사랑합니다."라는 말을 하는데 쉽사리 용기가 나지 않아 아직도 잘 못하고 있습니다. 지금까지 한 두 번 한 것이 전부입니다.), 그리고 어쩌면 가장 용기가 필요한, 그러나 반드시 해야 할 '미안하다'고 용서를 구할 용기를 생각해봅니다.

우리는 사과할 일이 생기면 '미안하다'고 사과를 먼저 하기보다는 나를 합리화하고 책임을 전가합니다. 합리화하고 책임을 전

얘 때문이에요!!

가하는 이유 중에는, 자기 자신에게는 끝까지 잘못이 없다고 생각하는 죄된 본성이 남아 있기 때문일 수도 있고 나의 잘못을 인정하고 용서를 구할 용기가 없어서일 수도 있을 것입니다.

인생을 살다보면 잘못한 것만 사과하는 것이 아니라 때로는 잘못을 하지 않았어도 먼저 사과를 해야 하는 억울한 때가 반드시 있기 마련입니다. 그럴 때도 사과를 하면 관계가 더 돈독해지는 경우가 있습니다. 반면 "미안합니다." 이 한마디를 하지 않아서 계속 이어질 수 있는 관계임에도 불구하고 관계가 끊어지고 마는 사례들을 볼 때가 있는데 마음이 아플 따름입니다. 어쩌면 우리는 살아가면서 꼭 필요한 용기를 내지 못하여 좀 더 복된 삶을 살아가지 못하는 게 아닌가 하는 생각도 해 봅니다.

어떤 관계이든 사람과 관계를 맺다보면 반드시 시행착오를 겪습니다. 시행착오를 겪는 것보다 그 시행착오가 생겼을 때 어떤 마음의 자세로 어떤 말과 행동을 하느냐가 중요하다는 것을 나이 들어가면서, 하나님을 바로 알아가면서 조금씩 깨닫습니다. 누구나 할 수 있는 그 시행착오를 했을 때, 겸손한 마음으로 잘못을 인정하고 회개할 용기가 반드시 필요합니다. 회개하지 않고 책임을 전가한 아담의 모습과 회개함으로 용서함을 받는 다윗의 모습을 통해 깨닫습니다. 다윗은 충성스러운 신하 우리아의 아내 밧세바를 취하고 그것을 숨기기 위해 결국 우리아를 죽이는 큰 죄를 지었으나 나단 선지자의 책망을 듣고 본인의 잘못을 깨달아 하나님께 회개함으로 용서받았습니다.

개인적으로 아담과 다윗왕의 차이점 중 하나를 말하라고 한다면 다윗왕은 자기의 잘못을 깨닫고 하나님께 철저히 회개했다는 것이고 아담은 하나님께서 내게 만들어 준 여자가 선악과를 나에게 가져와서 먹으라고 해서 먹었다고 하와에게 심지어 하나님께 잘못을 떠넘기고 마치 자기는 잘못이 없는 것처럼 말을 하는 죄인의 모습이라고 생각합니다.

저도 그렇게 생각했었습니다. 잘못은 뱀과 하와에게 있다고 생각했습니다. 그러나 그 생각은 틀린 생각이었습니다. 만약 아담이 의인이었으면 하나님께 "하나님께서 만들어 준 여자가 가져와서 먹으라고 해서 먹었습니다."가 아니라 "하나님께서 먹지 말라고 하신 과일을 제가 먹었습니다. 잘못했습니다."가 먼저일 것입니다. 이유가 어떻든 선악과를 먹은 사람은 아담 본인입니다. 하와가 고문을 하며 강제로 먹이지 않았습니다. 먹어보니 맛있어서(?) 사랑하는 아담에게 주었습니다. 선악과를 먹고 안 먹고는 아담이 선택할 수 있는 일이었습니다. 아담이 끝까지 거절하면 됐을 일입니다. 또는 받아 먹었어도 다윗처럼 즉각 회개했어야 했습니다.

그런데 아담은 선악과를 받아 먹어놓고 하나님께서 만들어 준 여자가 먹으라고 해서 먹었다며 자신의 잘못을 인정하기 보다는 하와에게 잘못을 떠넘깁니다. 다윗과는 달리 아담은 끝까지 잘못을 깨닫지 못했습니다. 그랬기 때문에 잘못을 인정할 수도 없었을 뿐만 아니라 오히려 하나님을 원망합니다. "하나님께서 내게 만들어준 여자가 선악과를 가져와서 먹었습니다."라고 말입니다. 이 말은 곧 "당신이 내게 여자를 만들어 주지 않으셨으면 이런 일도 없었잖아요?"라는 뜻일 것입니다. 이 모습이 나의 모습, 죄인의 모습임을 깨닫습니다.

죄인의 습성은 누구나 가지고 있습니다. 제아무리 신앙이 깊은 성도일지라도 어쩔 수 없는 죄인의 습성은 있을 것이라 생각됩니다. 다만 하나님의 은혜로 끝없는 자기훈련과 연단으로 비로소 사람다운 사람, 신앙인다운 신앙인으로 만들어지게 되지 않나 생각합니다. 그렇게 사람다운 사람, 신앙인다운 신앙인으로 되어가면서 시행착오를 겪어도 의연하게 대처할 수 있는 지혜와 겸손함이 생기고 더불어 용서를 구할 수 있는 용기도 생기지 않나 생각합니다.

좀 더 복된 삶을 살고 안 살고는 우리의 선택에 달렸습니다. 즉각 깨달아 회개함으로 이전(以前)과 다름없이 은혜를 누리는 다윗의 삶과, 끝까지 남에게 책임을 전가하는 죄인의 습성을 벗지 못하고 결국 스스로 은혜를 포기한 아담을 생각합니다. 다윗은

'회개'를 선택했으며 아담은 '죄'를 선택했습니다. 누구도 그렇게 하라고 강요하지 않았습니다.

　마찬가지로 우리도 그렇습니다. 어떤 모양으로 어떤 삶을 사느냐는 우리의 선택에 달렸습니다. 그런 면에서 매일매일 구합니다. 옳고 바른 것을 선택하여 은혜 안에서 즐겁고 행복하게 오늘을 살아가게 해 달라고 말입니다. 그리고 매일매일을 겸손한 마음으로 "미안합니다", "고맙습니다", "사랑합니다"라고 말할 수 있는 용기를 달라는 기도를 드리며 오늘보다 내일의 나의 모습이 조금씩이나마 성숙해지길 간구합니다.

5. 새 도화지

어느 초등학교 미술시간이었습니다. 선생님께서 도화지를 나누어 주시고 그림을 그리라고 주셨습니다. 어느 한 아이가 열심히 잘 그려 보려고 그리고 지우고, 그리고 지우고 하다가 결국에는 도화지를 찢고 말았습니다. 이 아이는 선생님이 주신 도화지를 망쳤다는 생각에 말도 못하고 망설이고 있다가 한참 뒤에야 야단맞을 각오를 하고 선생님께 다가가서 고개를 푹 숙이고 "선생님, 제가 잘 그리려다 도화지를 찢고 말았어요."라고 이야기 했습니다.

그 이야기를 들으신 선생님께서는 그 아이의 머리를 쓰다듬으시며 "그러니?" 하시고서는 "이번에는 실수하지 말고 잘 그려봐." 하시며 다른 새 도화지를 주셨습니다. 그 아이는 야단맞을 줄 알았는데 선생님께서 야단을 하시기보다 먼저 베풀어 주신 은혜에 감사하며 다시는 망치지 말자는 각오로 다시 열심히 그리기 시작했습니다.

하루하루 새도화지

흔히 볼 수 있는 초등학교 미술시간이지요? 그런데 저는 이 흔한 장면이 엉뚱하게도 하나님과 나의 관계를 보여준다는 느낌을 받았습니다. 그리고 우리 주님께서 우리에게 베풀어 주시는 은혜를 잠깐 생각해 보았습니다. 오늘을 사는 우리는 얼룩진 도화지를 선생님께 가져가는 이 아이의 모습과 흡사하지 않을까요?

우리는 늘 우리 주님께로부터 새 날, 새 도화지를 하루하루 선물 받습니다. 새 도화지를 받은 우리는 곱고 아름다운 것을 그려 넣기 보다는 더 이상 손 댈 수 없을 정도로 더럽히고 망쳐버릴 때가 허다합니다. 그러고 나서 우리는 염치 불구하고 또 주님께 나갑니다. 그러나 우리 주님은 전혀 꾸짖지 않으시고 우리의 머리를 쓰다듬으시며 빙그레 웃어주시지요. 그리고 우리에게 어제보다 좀 더 나은 그림을 그리라고 새 날이라는 새 도화지를 주시며 또 한 번의 기회를 주십니다.

우리는 그분으로부터 지금 이 시간을, 오늘이라는 날짜를, 또 한 번의 기회를 얻은 사람들이라고 할 수 있지 않을까요? 우리는 어제의 얼룩진 모습을 가지고 오늘 주님께 나아가지만 우리 주님께서는 어제의 얼룩진 우리의 모습을 용서하시고 새로운 새 날의 도화지를 우리 모두에게 나누어 주셨습니다. 우리는 새 날의 도화지를 선물 받았으니 오늘을 열심히 곱게 잘 그려야 할 책임이 있습니다.

때로는 이 선물이 너무 버겁고 힘겨울 때도 많습니다. 이 현실을 부정하고 싶을 만큼 누군가의 손에 의존하여 살아갈 수밖에 없는 나의 삶이 비참하게 느껴질 때, 통증으로 인하여 밤새 잠 한숨 못자고 꼬박 지새우는 날들, 화장실 한 번 가려면 최소 30분에서 한 시간씩 걸려 안간힘을 써서 끝내고 나면 온 몸에 진이 다 빠져 한참은 기진맥진 한 상태에서 아무것도 할 수 없는 나의 삶…. 이런 나의 삶이 너무 싫어 밤마다 하나님께 "아버지, 허락하신다면 내일 아침에 눈 뜨지 않게 해 주세요. 저는 정말 눈 뜨지 않기를 원합니다…. 그러나 아버지, 제가 원하는 것은 이것이지만 내일 다시 하루라는 날을 살게 하셔도 감사로 넉넉하게 살아갈 수 있는 마음과 힘을 주세요."라고 기도를 드리곤 합니다. 거의 매일 저녁 이 기도를 하며 잠자리에 들고 아침이면 여전히 힘든 몸을 일으켜 또 하루를 있는 힘을 다하여 살아갑니다.

그렇게 하여 오늘 나에게 선물로 주신 새 도화지 위에 좀 더 나은 그림을 그리기 위해 저는 오늘도 살아갑니다. 비록 아무것도 할 수 없는 육체의 짐을 지고 살지만 정말 실수하지 않고 잘 그려보겠노라고 마음속 깊이 다짐한 그 아이처럼 저 역시 오늘 하루의 삶이 주님께서 진정 원하시는 삶인지를 깨닫기 위해 매일 아침 마음속 깊이 다짐하며 그분의 뜻을 기다리렵니다.

6. 네 이웃을 네 몸과 같이 사랑하라

사람들은 "네 이웃을 네 몸과 같이" 사랑하고 살기는 어렵다고 합니다. 어떻게 '남'을 '나'처럼 사랑할 수 있느냐고 합니다. 어쩌면 사람들은 이 말씀을 너무 어렵게 생각하는 경향이 있지 않나 생각합니다. 이 구절을 문자적으로 해석하면 '내가 나를 사랑하는 것'이 먼저입니다. 나는 굶으면서, 나는 헐벗으면서 이웃을 사랑하라는 것이 아니라 내가 먹고 마시는 것처럼 이웃에게도 그렇게 하라는 뜻입니다.

제가 생각하는 하나님은 우리에게 우리가 지킬 수 없는 것, 우리가 행할 수 없는 것을 하라고 강요하시는 분이 아니라 우리가 할 수 있는 것을, 그것도 결코 강요가 아닌 기꺼이 즐거운 마음으로 하길 원하시는 분이라고 생각합니다.

나의 사랑하는 아들 딸이 즐겁고 행복한 모습을 보는 것이 모든 부모님의 행복이 아닐런지요. 착한 일 한 번 하지 않았다고 혼내시는 부모님들은 아마도 없을 것입니다. 육신의 부모님께서 우리 자식들을 사랑하는 마음, 혹은 부모된 마음으로 내 자녀를 생각하는 사랑의 마음으로 하나님과의 관계도 생각한다면 조금은 덜 힘들고 덜 어렵지 않을까요? 두 개를 가지고 하나를 나누면 물론 기뻐하시겠지만 열 개 중에 하나만 나누어도 기꺼이 기뻐하실 분이라 생각합니다.

부끄럽게도 저는 아주 오랫동안 "네 이웃을 네 몸과 같이 사랑하라"는 이 구절이 도통 이해가 되지 않았습니다. 나를 사랑하는 것이 어떤 것인지 몰랐기 때문입니다. 나 자신을 위해서는 정말 아무것도 할 줄을 몰랐습니다. 아무것도 할 줄 몰랐을 뿐 아니라 나 자신을 학대하고 자학하며 살았습니다. '조금만 일찍 이 사실을 깨닫고 조금만 일찍 내가 나를 돌아 봤더라면 지금처럼 이렇게까지 몸이 망가지지는 않았을 것을…' 하는 생각이 들기도 합니다. 이웃에게는 겨울에 보일러 돌리라고 몇 십만 원을 주면서, 정작 나는 추위에 떨며 살았고 이웃에게는 쌀과 먹거리를 돈으로, 혹은 여러 방법으로 해결해 주면서 정작 나는 끼니를 거를 때가 한 두 번이 아니었고 좋아하는 과일 하나 사 먹을 줄 모르는 어리석은 사람이었습니다. 불과 5년 전까지도 저는 고기 한 번 사먹을 줄 몰랐고 계란 한 번 사 먹을 줄 모르고 살았습니다. 이웃사랑 점수는 어떠했을지 모르겠지만 나를 사랑하는 점수는 '꽝꽝꽝'이었습니다. 자랑하려고 말하는 것이 결코 아닙니다. 나의 무지함에

한개는 날 위해
한개는 널 위해

서 비롯된 지독한 어리석음을 고백하는 것입니다. 나는 나 자신을 위해서 무엇인가를 하면 사치이고 죄라고 생각했던 것 같습니다. 옷이든 무엇이든 5천원 이상 지불하고 구입하면 큰일 나는 줄 알았습니다. 그렇게 생각하게 되었던 이유를 말하자면 어린 시절까지 거슬러 올라가야 할 것 같습니다.

열다섯 살 때까지 가장 많이 들은 말이 "빨리 죽어라!"였습니다. 아무짝에도 쓸모없는 인간이었고 부모님의 인생을 망친 인간이었습니다. 때문에 무엇을 해도 늘 구박덩어리였습니다. 이 땅에 태어나지 말았어야 할 인간이었습니다. 무엇을 가지려고도, 새 옷, 새 신발도, 그 무엇도 갖거나 입을 자격이 없는 인간으로 여김 받으며 어린 시절을 보냈습니다. 열다섯 살까지 그런 환경 속에서 자랐습니다.

그러다보니 성인이 되어서도 스스로를 돌보는 대신 내박쳐 놓고 스스로를 업신여기고 하찮게 여겨 왔던 것 같습니다. 나는 그렇게 살아야 되는 인간인 줄 알았고 그렇게 사는 것이 당연하다고 생각했었나 봅니다. 그러나 지금은 그렇게 하지 않습니다. 사랑이 담긴 마음의 선물을 받는 것을 즐거워합니다. 이제는 나를 위해 예쁜 옷과 신발도 구입하고 맛있는 과일과 먹거리도 구입합니다. 그러고서는 어린 아이가 아빠에게 애교로 자랑하듯이 하나님께 꼭 보고합니다. 물론 이웃사랑도 여전히 실천하고 있습니다.

다만 예전처럼 두 개 다 몽땅이 아니라 두 개 있으면 하나만 실천하고 하나는 나를 위해서 투자하는 쪽으로 바뀌었습니다.

스스로를 사랑하고 돌보는 것 역시 우리의 몫임을 너무 늦게 깨달은 감이 들지만 그래도 무조건 감사합니다. 나이 사십을 훌쩍 넘기고서야 이렇게 하나님께서 주시는 참 사랑을 또 경험하며 살고 있습니다. 예수님께서 우리에게 "네 이웃을 네 몸과 같이 사랑하라"고 것은 우리에게 마음의 부담을 주시려고 하신 것이 아니라 누구나 할 수 있는 아주 작은 이웃사랑의 실천일 것입니다.

마음으로 함께 아파하고 함께 공감하고 손 잡아주고 토닥토닥 등 두드려 줄 수 있는 마음으로 살아가는 우리 모두이길 이 밤도 두 손 모아 기도합니다.

7. 하나님 돈 좀 주세요!

　누구나 생활고로 인한 힘든 시절이 있었으리라 생각합니다. 주위의 분들에게서 생활고로 인해 힘들고 어려웠던 사연들을 들으면 눈시울이 뜨거워질 때가 많습니다. 지금도 생활고로 힘들어하시는 분들을 만나면 도와주고 해결해 줄 수 없다는 것에 너무 안타깝고 가슴이 아픕니다. 우리 주위에는 생활고로 인해 크고 작은 어려움을 겪는 사람들이 참으로 많습니다.

　이 글을 쓰고 있는 저도 라면 하나 살 돈 없이 지낸 시절이 있었습니다. 누구 하나 도와 줄 사람 없고 의지할 사람도 없이 오로지 혼자 힘으로 세상을 향해 발을 내디뎌서 인생을 살아왔는데 어려움이 없었다고 하면 그것이 더 이상하지 않을까요? 25년 전 무작정 장애인 보호시설에서 나와 마구간 같은 방을 얻으면서 1년 6개월 간 지독한 생활고를 겪었던 때를 지금도 가끔 생각합니다.

　옷가방 하나와 돈 4만원이 전부였고 월세 3만원짜리 방은 부엌시설도, 화장실도, 보일러도, 그 무엇도 없고 방에는 쥐가 마구

머리감다
얼어버림

가장 힘든 시절이었지만
힘들다는 생각이 들지 않았어요

돌아다니는 그야말로 외양간 같은 방이었습니다. 지금 생각하면 그 방은 사람이 살 수 없는 방이었는데 그런 방을 어떻게 월 3만원씩이나 받으면서 세를 주었는지 그 주인도 참 어지간히 양심불량이었던 것 같습니다. 그래도 다른 방법이 없었기 때문에 그 방에서 2년을 넘게 살았습니다.

동장군이 찾아오는 겨울에는 어쩌다 저녁에 물을 먹고 물컵을 방에 두고 잠이 들었다 다음날 아침에 일어나서 보면 머리맡에 둔 그 물은 어김없이 꽁꽁 얼었고, 따뜻한 물을 쓸 수 없었기 때문에 찬 물로 머리를 감으면 머리가 시리다 못해 통증이 와서 한참동안 머리를 움켜쥐고 가만히 있다가 진정되면 다시 감아야 하는 그런 지경이었습니다.

이때 가장 힘든 생활고를 겪었는데 그 어려운 생활고가 힘들다는 생각이 그 때는 들지 않았습니다. 당장 오늘 저녁에 먹을 쌀이 없고 보일러도 없는 냉골에서 동장군이 찾아오는 겨울을 지내고, 수도가 얼어서 아무리 녹여도 며칠씩 물도 쓸 수 없는 그런 환경에서 살면서도 그 생활이 한 번도 원망스럽거나 너무 힘들다는 생각은 하지 않았습니다. 누구에게도 단 한번도 힘들다고 말하지 않았습니다. 사람이 죽을 각오로 살아가면 그렇게 되나봅니다.

오히려 마음은 너무 편안했고 순간순간 하나님께서 부어주시는 사랑에 감격하며 살았습니다. 까마귀를 통해 엘리야를 먹이신 하나님, 그 하나님께서 제게도 꼭 그렇게 하셨습니다. 남음도 없이, 그렇다고 부족함도 없이 꼭 필요할 때 딱 그만큼만 먹여 주시고 입혀 주시는 하나님의 사랑이 너무 좋았습니다.

그렇게 1년 6개월을 살다가 어느 날 불현듯 돈이 조금 있으면 좋겠다는 생각이 들었습니다. 그래서 정말 태어나서 처음으로 하나님께 이렇게 기도했습니다.

"하나님, 저 돈 좀 주세요. 아버지 보시기에 헛되이 쓰지 않겠습니다. 많이도 말고 아버지께 십일조 할 수 있을 정도만 주세요. 그리고 원하신다면 매월 조금씩이라도 적금 부을 수 있을 정도만 더 주시면 좋겠습니다."

이렇게 처음으로 물질을 달라고 딱 한 번 기도하고 그 이후로는 물질기도를 하지 않았습니다. 이 때가 가장 필요한 시기여서 성령님께서 그렇게 기도하게끔 마음을 움직여주신 것이 아닌가 하는 생각이 듭니다.

그렇게 불현듯 생각나서 기도했는데 바로 다음날 그동안 부모님이 계시다는 이유 때문에 절대로 해 줄 수 없다던 기초생활수급권 신청이 가능해졌고 전혀 생각지도 못한 기관으로부터 지원을 받게 되어서 차츰 생활이 안정되고 개인적으로도 후원해 주시는 분까지 생겨서 적금까지 넣게 되었고 그때부터 이웃사랑의 실천이 시작되었습니다. 그동안 이웃과 나눈 액수가 대충 2천만 원이 넘는 것 같습니다. 어느 날 갑자기 불현듯 생각나서 두 번도 아니고 딱 한 번 기도한 결과가 제 삶에 이렇게 큰 변화를 주었습니다. 이것이 바로 하나님께서 살아 계시다는 증거가 아닐런지요?

물론 생활이 많이 넉넉하진 않았습니다. 하지만 마음에 늘 두 가지 생각이 있었습니다. 한 가지는 현재 나에게 있는 돈은 지금 나한테 있는 것일 뿐 내 것은 아니라는 생각이었습니다. 그런 생각이 늘 있었기 때문에 단 돈 5백 원이 없어서 라면 하나 사 먹지 못할 때의 마음가짐과 수중에 천만 원이 있을 때의 마음가짐이 전혀 다르지 않았습니다. 믿기지 않겠지만 전혀 그것을 소유하고 싶은 마음은 생기지 않았고 누군가 필요하면 언제든지 내놓을 수 있는 마음이었습니다. 그런 마음으로 살았기 때문에 나눔은 당연한 일이라 생각했고 그 생각은 지금도 변함 없습니다. 그것이 사실이기 때문입니다.

이 세상에서 내 것은 하나도 없습니다. 내 것이 아닌 것을 가지려고 하면 그것이 욕심이고 욕망입니다. 그런 욕심 부리지 않아도 미리 아시는 최고의 하나님께서 우리 아버지시잖아요?

그리고 또 하나 제 마음에 든 생각은 처음에 기도할 때, "아버지 보시기에 헛되이 쓰지 않겠습니다." 라고 기도한 그 내용이었습니다. 어쩌면 그 기도 때문에 나를 방치하고 돌보지 않는지도 모르겠습니다. 나 자신을 위해 무엇을 하는 것 자체가 헛되이 쓰는 거라고 생각했었기 때문에 아예 눈길도 두지 않고 살았습니다. 내 것이 하나도 없다고 했으니 나의 몸도 내 것이 아니기 때문에 돌보고 관리해야 할 책임과 의무가 있음을 전혀 깨닫지 못했습니다. 어릴 때부터 그래왔듯이 다른 사람은 모두 소중하지만 '나'라는 존재는 늘 아무것도 아닌, 아무렇게나 해도 되는 존재로 스스로 여겨오며 살았습니다.

어느 날 하나님께서 "사랑하는 딸아, 이제 그만 네가 너를 사랑하는 모습을 보고 싶구나."라는 마음의 울림과 깨달음을 주시지 않으셨다면 어쩌면 지금까지도 그렇게 살고 있을지도 모르겠습니다. 하나님께서 그렇게 직접 말씀하시기 전에 좀 더 일찍 깨닫고 스스로를 돌보고 사랑했더라면 지금처럼 이렇게까지 몸이 망가지지도 않았을 것을…. 미련하고 둔해서, 그리고 너무 어리석어서 내박쳐 두었다가 하나님의 마음을 아프시게 하고 도저히 두고 볼 수 없어 제 마음에 음성까지 들려주시면서 당신의 딸이 행복하기를 바라시는 하나님…. 내 아버지의 크신 은혜와 사랑이 오늘도 제가 살아가는 원동력입니다.

하나님은 지금 이 시간에도 당신의 사랑하는 아들딸들이 즐겁고 행복하게 사는 모습을 가장 보기 원하실 것입니다. 그러니 우리 모두는 즐겁고 행복해야 합니다.

우리 모두 행복합시다!

8. 인복(人福)

　　인생을 살아오면서 가장 중요하고 가장 큰 축복이 만남의 복이 아닐까 하고 생각합니다. 많은 사람들이 "성희씨는 인복 하나는 타고 났다. 어떻게 그렇게 좋은 사람들만 있어?"라는 말을 참으로 많이 합니다. 지금까지 살아오면서 정말 많은 사랑의 빚을 지고 살았습니다.

　　세밀하신 하나님께서 십대 때부터 지금까지 만남의 복을 부어 주셔서 그분들을 통해 순간순간 위로해 주시고 힘과 용기를 얻게 하셨습니다. 가장 절망적일 때 다시 일어설 수 있는 원동력이 되게 하신 하나님의 사랑을 생각하면 지금도 눈시울이 뜨거워지곤 합니다.

　　십대 때 두 분의 선생님을 만나지 못했다면 지금의 조성희라는 사람은 아마도 있을 수 없었을 것입니다. 한 분의 선생님은 5년이라는 긴 세월동안 한결같이 성경공부를 가르쳐 주시고 제게 신앙의 어머니 역할을 아낌없이 해 주셨고 지금은 멀리 세네갈이라는 나라에 선교사로 가 계십니다. 그리고 이분보다 조금 더 늦게 만났지만 이분과는 다른 방법으로 챙겨주시고 사랑해 주신 선생님이 한 분 더 계십니다.

그 분은 제게 맛있는 것 하나라도 더 먹이고 싶어 하셨고 어쩌다 아픈 기색이 보이면 강제로라도 쉬게 하시는 등 늘 언니처럼 챙겨주셨던 선생님이십니다. 그렇게 늘 언니처럼, 때로는 친구처럼 챙겨주신 선생님은 훗날 지독한 생활고를 겪을 때 무려 5년간 매월 10만원 씩 후원해 주셨습니다. 저는 그 돈은 고스란히 적금에 넣었고 5년 뒤에 전세 5백만 원의 집으로 이사를 했습니다. 그런데 너무 신기한 일은 5년간 한 번도 거르지 않으시던 그 후원금이 적금 타는 달 마치 약속이나 한 듯이 딱 끊겼습니다.

세밀하신 하나님께서 친히 하셨다고밖에 달리 말할 수가 없습니다. 이렇게 하나님은 지금까지도 그 세밀하심으로 구하기 전에 꼭 필요할 때 까마귀(사랑의 손길)를 통해 꼭 그만큼 채워주시고 나누게 하셨습니다.

그렇다고 그리 많은 사람의 도움을 받은 것은 아닙니다. 많은 사람을 알고 많은 사람에게 도움을 받은 것이 아니라 적은 사람들을 만났으나 정말 좋은 사람을 만나고 의미있는 관계를 맺었기 때문에 큰 사랑을 받으며 살 수 있었습니다. 그저 그렇고 그런 사람 1만명을 알고 지내는 것 보다 진실한 마음으로 마음과 마음을 서로 나눌 수 있는 한 명의 친구를 만나는 것이 진정 복된 만남임을 그리 오랜 인생을 살지는 않았지만 확실히 알 것 같습니다.

지금도 맨 처음 전동휠체어를 구입할 때의 막막했던 일이 가끔 생각납니다. 20년 전, 아직 전동휠체어 보급이 활성화되지 않던 시대였습니다. 이때 서울에서 전동휠체어 전시회가 열렸습니다. 이 전시회 기간 중에 전동휠체어를 구입하면 60만원이나 저렴하게 구입할 수 있다는 정보를 우연히 접하게 되어 어떻게든 전동휠체어를 구입해야겠다는 생각이 들었지만 아무리 노력해도 50만원이 모자랐습니다. 너무 막막한 나머지 어렵게 부모님께 말씀을 드렸으나 부모님은 그렇게 고가인 휠체어가 어디 있느냐며 절더러 거짓말한다고 야단하셔서 그냥 포기해야 하나 하고 있었습니다. 그런데 전혀 생각지도 못하게 아는 동생의 도움으로 전동휠체어를 구입하게 되었습니다. 물론 그 동생 돈도 얼마 지나지 않아 모두 갚았습니다.

주위의 많은 사람들이 힘들고 어려운 일들이 있을 때마다 혼자 해결하려고 마음고생 하지 말고 부모님께 말씀드리고 도움을 받으라고, 쓸데없이 자존심만 내세우지 말라고, 똥고집 그만 부리라고 말씀들을 많이 하십니다. 그런데 그것이 과연 정말 자존심이고 똥고집일까요?

혼자 생활하면서 아무 대책도 세우지 못한 상태에서 한밤중에

성희야, 꾀좀 부려가면서 해라

갑자기 응급실에 실려가 병원 신세를 지게 되면 병원비를 마련 못하여 막막할 때가 몇 번 있었습니다. 언젠가, 아마 처음 응급실에 실려 가서 병원신세를 지게 되었을 때의 일인 것 같습니다. 아무리 생각해도 병원비를 낼 길이 없어서 몇 년 전의 전동휠체어 건으로 좋지 않은 기억이 있음에도 불구하고 너무 막막한 마음에 정말 어렵고 힘들게 용기를 내어 부모님께 말씀을 드렸습니다. 그런데 돈 이야기를 채 꺼내기도 전에 먼저 집에 돈이 없어서 못해준다는 식으로 말씀을 하시는 것을 보며 이제 죽는 한이 있더라도 다시는 부모님께 도움을 요청하는 일은 없을 거라고 마음 속 깊이 다짐했습니다. 그 이후로는 한 번도 도움을 요청하거나 엄살을 부려본 적이 없습니다. 누구라도 그런 경험을 한다면 저처럼 되지 않을까 싶습니다.

그러나 세밀하신 사랑의 하나님께서 생각지도 못한 뜻밖의 한 선생님을 통하여 병원비를 해결해 주셨습니다. 이 선생님은 중학교 3학년 때의 담임선생님이셨습니다. 선생님은 학교생활 도중 종종 "성희야, 꾀 좀 부려가면서 해라. 그렇게까지 빈틈없이 하지 않아도 돼. 힘들잖아." 하시며 염려와 함께 관심을 보여주신 따뜻한 분이셨습니다.

뿐만 아니라 선생님이 아니었으면 졸업장도 못 받았을 것입니다. 중3 과정을 밟는 도중에 몸이 너무 나빠져서 한 학기를 아예 출석을 못 하였기 때문에 당연히 졸업장은 물 건너갔을 것으로 생각했었으나 선생님께서 최소한의 출석체크를 해 주셔서 졸업장을 받을 수 있었습니다. 선생님은 어떻게든 졸업장은 꼭 받게 해 주고 싶으셨던 것 같습니다. 살아가면서 졸업장이 꼭 필요할 때가 있을 거라고 말씀해 주셨는데 훗날 정말 방통고와 대학교라는 관문을 통과하게 되었으니 그 선생님의 사랑에 어찌 감사하지 않을 수 있을까요?

사랑의 하나님께서 이토록 세밀하게 꼭 필요할 때에 더없이 좋은 분을 연결시켜 주셔서 부모님으로부터 상처 받은 마음까지 위로받게 하시고 하나님께서 저를 얼마나 사랑하시는지 확인시켜 주셨습니다. 그리고 지금까지도 하나님은 교회를 통하여, 또는 개인적인 만남을 통하여 오래도록 관계를 맺게 하시고 그 만남이, 그 관계가 지속되게 하시고 때로는 힘을 얻게 하시고 때로는 위로를 얻게 하시며 감사하지 않을 수 없게 만들어 주십니다. 그분은 참으로 최고의 하나님이심을 고백합니다.

사랑합니다. 나의 하나님, 사랑합니다. 나의 예수님,

이것이 나의 신앙고백이고 내 삶의 전부입니다.

9. 이미지 관리

가끔 종교가 없거나 타 종교를 가지신 분들까지도 "성희씨를 보면 하나님께서 정말 살아계신 것 같아."라고 말씀하시며 하나님을 인정하시는 분들이 있습니다. 그분들께 예수님의 '예' 자도 말한 적 없고 교회의 '교' 자도 꺼내 본 적이 없습니다. 어떤 착한 행동을 하거나 특별히 어떤 언행을 하지도 않았습니다. 그냥 일상생활을 했을 뿐입니다. 그런데 어떤 때는 처음 만나서 단 몇 마디의 교제 끝에도 "교회 나가시죠?"라며 저를 놀라게 합니다. 아파하는 사람과 함께 아파하고 서로 위로하며 함께 나누면서 그저 오늘을 살았을 뿐인데 그런 말을 들으면 놀라우면서도 감사합니다. 나 스스로 묻는 질문에 대한 응답인 것처럼 느껴져서입니다.

가끔 스스로에게 "너 예수 믿는 사람 맞니?" 하고 질문을 합니다. 어느 때는 예수님께서 시몬 베드로에게 세 번을 이어서 질문하신 것을 거울삼아 스스로에게 "정말 마음으로 하나님을 사랑하니?" 하고 몇 번씩 질문하기도 합니다. 확신이 없어서가 아닙니다. 믿음이 없어서도 아닙니다. 말로만이 아닌, 행동으로만이 아닌, 나의 골수까지도 예수님으로 옷 입고 싶은 작은 몸부림이라고 하면 맞을 것 같습니다. 교회는 나가면서, 사람들 앞에서는 예수 믿는다 하면서 이미지 관리만 하는 그리스도인이 되지 않기 위하여 스스로를 끊임없이 테스트하는 것입니다.

또한, 어떤 결정을 할 때 예수님이시라면 지금 어떻게 하셨을까 생각하곤 합니다. 무엇이든, 어떤 결정을 하든 그렇게 하면 조금은 나의 인간적인 생각을 내려놓을 수 있습니다. 원죄를 가지고 태어난 죄인이기 때문에 비록 의인으로 거듭난 그리스도인이 되었다 하더라도 끊임없이 스스로를 갈고 닦지 않으면 어느 순간 죄된 옛 습성으로 돌아가게 됩니다. 그리하여 교회는 나가면서도, 감히 입으로는 하나님을 믿는다 하면서도, 은혜를 말하며 의인인 양 사람들에게 다가가면서도, 옳지 않은 행동과 말로 우리 하나님을 욕 먹이는 인간으로 변질될까봐 그런 질문들을 스스로에게 자주 해야 한다고 생각합니다.

분명 예수님께서는 "너희 빛이 사람 앞에 비치게 하여 그들로 너희 착한 행실을 보고 하늘에 계신 너희 아버지께 영광을 돌리게 하라." 하셨습니다. 우리 하나님은 우리에게 결코 힘들고 어려운 것을 하라고 하지 않으셨음을 믿어 의심치 않습니다. 이 말씀의 뜻은 우리에게 임의적으로 무엇을 하라는 뜻이 아닐 것입니다. 우리가 임의적으로 무엇을 할 수 없음을 하나님께서 더 잘 아실 것입니다. 결코 우리는 우리 스스로 착한 일을 할 수 없는 존재들입니다. 그럼에도 그렇게 말씀하신 이유는 하나님께서 우리 안에서 일하심으로 하나님의 하나님 됨을 나타내시기 위함일 것입니다. 그러므로 우리가 할 일은 '나'를 지키는 일이라 생각합니다. 스스로를 테스트하며 믿음을 지키는 일이 곧 '나'를 지키는 일이라 생각되고 나를 지키고 있으면 나머지는 하나님께서 하실 것이라고 생각합니다. 굳이 교회 나간다고 하지 않아도 남들이 먼저 알아차리는 일들이 있듯이 말입니다.

인생을 살다보면 이용도 당하고 사기도 당하게 되지요. 저도 사람들에게 이용도 당하고 사기도 당하는 경험을 적잖이 했습니다. 그런데 아이러니하게도 전부 교회 다니는 사람들에게서 당했습니다. 그 때는 몰랐습니다. 교회를 다니는 사람들은 모두 하나님의 은혜 안에 거하는 사람들인 줄로만 알았고 그대로 믿었습니다. 그랬기 때문에 누가 이렇게 하라고 하면 했고 무엇을 달라고 하면 주었습니다. 그런데 믿는 도끼에 발등 찍힌다고 그 믿음의 대가를 치르는 경험을 아주 혹독하게 겪었습니다. 확실한 믿음의 뿌리를 내리지 못한 상태였으면 크게 시험 들어서 교회고 뭐고 다 접고 믿음도 포기한 상태로, 흔히 비(非)그리스도인이 그리스도인과 교회를 싫어하고 욕을 하듯이 지금까지도 그렇게 헤매며 살

하나님을 사랑하니?

지 않았을까 생각합니다.

확실한 믿음의 뿌리가 내려져 있었기 때문에 이용을 당하고 사기를 당해도 전혀 시험에 들지 않을 수 있었습니다. 또한 사랑의 마음이 있었기에 도리어 그들이 불쌍하여 그들의 잘못을 놓고 하나님께 용서를 구했고 그들이 진정한 하나님의 자녀로 살 수 있기를 바라는 마음으로 기도하였습니다. 그 경험을 하고 나서 교회라는 곳이 오히려 세상보다 더한 세상일 수 있다는 것을 알았습니다. 이미지 관리만 하는, 믿음은 온데간데없고 그냥 교회만 다니는, 성도가 아니라 말 그대로 '교인'들이 많음을 알아갔습니다. 지금도 장로라는 분이, 전도사라는 분이, 목사라는 분이 교회 밖에서, 또는 가정에서 하는 모습들을 보면 정말 예수 믿고 싶은 마음이 도망갈 정도로 좋지 않은 분들이 많아 가슴이 아픕니다.

아주 오래전의 일입니다. 어느 교회의 전도사님이었는데 개인적으로 정말 밀접한 관계를 맺고 지내게 되어서 교회 안에서의 생활과 교회 밖에서의 생활을 제가 원하든 원치 않던 모두 볼 수밖에 없는 상황이었습니다. 이분과 관계를 맺는 동안 가장 많이 했던 생각이 '이분이 믿는 하나님께서 참 하나님이시라면 나는 하나님 안 믿겠다.'였습니다. 교인으로부터 이용을 당하고 사기를 당했을 때와는 다르게 이 전도사님의 언행은 정말 수용하기가 어려웠습니다. 그분이 믿는 하나님께서 참 하나님이시라면 아무도 하나님을 믿으려고 하지 않을 것 같았습니다. 그분을 보면서 바른 믿음에 대해, 그리고 하나님의 성품의 대해 정말 많이 생각했습니다. 지금 생각해도 그 시절 참 힘든 시기를 보냈다는 생각이 들 정도입니다.

당시에는 그런 경험이 힘들었으나 지나고 나니 하나님께서 조금 특별한 은사와 달란트를 주셔서 이 모든 경험을 채 서른 살이 되기도 전에 하게 되었다는 생각이 들어서 감사의 마음이 듭니다. 일찌감치 그런 경험을 했기 때문에 어지간한 일에는 꿈쩍도 하지 않을 탄탄함이 생겼습니다. 이 또한 감사할 따름입니다.

사람은 누구나 어쩔 수 없는 죄인입니다. 이 사실은 부인할 수 없는 사실입니다. 죄인이 죄 짓는 것은 너무나 당연한 일입니다. 때문에 믿음이 약한 사람들의 잘못된 언행들은 아직 성숙하지 않았기 때문으로 여기고 긍휼의 마음을 가지는 것이 당연합니다. 그러나 우리는 그리스도로 옷 입은 의인입니다. 의인이면 의인다워야 한다고 생각합니다.

의인이 의인다워야 하듯 교회는 교회다워야 합니다. 가끔 외부에 알려진 좋은 이미지가 혹시 떨어질까 싶어서 옳지 않은 선택을 하는 교회들을 보곤 합니다. 물론 어쩔 수 없이, 그렇게밖에 할 수 없는 이유가 분명 있을 것입니다. 그러나 외부에 알려진 교회의 좋은 이미지 보다 먼저 교회의 머리이신 예수 그리스도를 생각하여 '예수님께서는 어떻게 하셨을까' 생각하고서 결정을 해도 늦지 않을 것입니다. 권력에 약한 교회, 겉 이미지만 관리하는 교회, 부와 성장에만 관심 있는 교회를 보곤 합니다. 또한 주변에서 이미지 관리만 하는 그리스도인을 가끔 만나기도 합니다.

그런 교회와 그리스도인들에게 해 주고 싶은 말이 있습니다. 언제까지 이미지 관리만 하시겠습니까? 누구를 위하여, 무엇을 위하여 도대체 언제까지 그렇게 살겠습니까? 우리의 인생이 그리 길지 않음을 염두에 두셨으면 좋겠습니다. 이 땅에서의 인생여정이 끝나는 날, 하나님께서 그때 왜 그렇게 했느냐고 질문을 하시면 무어라 답하시겠습니까?

10. '너'는 없고 '나'만 있는 신앙

언젠가 어느 개그 프로에서 "나만 아니면 돼!" 하는 말을 들은 기억이 납니다. "나만 아니면 돼!" 요즘 사회의 흐름을 잘 대변하는 말이라는 생각을 했습니다.

아주 오래 전의 일입니다. 하도 오래되어 몇 살 때 일이었는지 기억도 나지 않습니다. 기독교단체에 있는 아는 언니가 전염병에 걸려서 언니 혼자 독방에 있게 되었습니다. 평소 얼굴을 봐도 그냥 데면데면 지나칠 정도로 서로 친밀하지 않은 사이였는데 어느 날 독방에 있다는 말을 듣고 거의 매일, 어느 때는 하루 두 세 번씩 가서 같이 먹고 놀았습니다.

전염성이 있으니 모두들 그 곳에 가지 말라고 야단치고 말렸으나 듣지 않았습니다. 언니 혼자 너무 외로울 것 같았습니다. 내가 병들고 아픈 것은 그 다음 문제였습니다. 누군가 "넌 왜 그렇게 무모하냐?"고 했습니다. 그렇습니다. 어찌 보면 굉장히 무모했습니다. 나에게 병이 옮을 수도 있고 어떤 일이 일어날지 모르는 상황이었으니까요. 그러나 그때나 지금이나 두려움 때문에, 혹은 어떤 염려 때문에 꼭 해야 할 일을 하지 않거나 결정을 미룬 적은 없었습니다. 그 일이 누군가 해야 할 일이고 내가 할 수 있는 일이라면 무조건 감사함으로 실행하며 살아 왔습니다.

어느 날 언니가 "이러다 병도 낫지 않고 갈 곳도 없으면 어떡하니?" 하길래, "걱정하지마, 그렇게 되면 나랑 살면 돼." 했습니다. 자랑하려는 게 아닙니다. 나처럼 그렇게 하라는 것은 더더욱 아닙니다. 기독교단체라서 기본적으로 일주일에 두세 번씩 예배를 드리고 하나님은 사랑이시라고 입이 닳도록 말을 하면서도 한 건물 안에 있는 사람에게 그런 일이 생기니까 누구하나 돌아보지 않고 오직 자기 자신이 그 병에 걸리지 않는 것에만 초점을 두는 그들의 가식을 말하고 싶어서입니다. 하나님의 사랑을 말하고 이웃사랑을 기본 바탕으로 세워진 곳이라면 적어도 그렇게 나 몰라라 하는 일은 없어야 하지 않을까 생각합니다.

하나만 더 예를 들어보려 합니다. 신실하기로 소문난 어느 장로님이 하신 말씀입니다. 어느 날 사고가 났는데 상대는 크게 다쳤으나 본인은 털끝하나 상하지 않게 하셨다고 하나님의 사랑하심을 자랑하시는 모습을 보며 정말로 입에서 욕이 나오려 했습니다. 감사하지 말라는 뜻이 아닙니다. 당연히 감사해야지요. 감사함이 마땅하다고 생각합니다. 그러나 하루아침에 반신불수가 되어 앞으로 불편한 몸으로 살아가야 할 상대의 아픔을 먼저 생각하는 것이 옳다고 생각합니다. 상대가 어떻게 되든 상관없이 나만 안 다치고, 나만 안 아프고, 내게만 그 일이 생기지 않으면 감사하고, "하나님께서 나를 특별히 사랑하시는 것이 확실해"가 아니라, 아파하는 사람과 함께 아파하고 기뻐하는 사람과 함께 기뻐함이 마땅합니다.

하나님은 '나'만의 하나님이 아니십니다. '너'만의 하나님도 아니십니다. 세상의 어느 부모가 두 자식 중 한 자식만 내 자식이라 생각하여 특별히 사랑하고 나머지 한 자식은 저놈은 내 자식이 아니니 죽든지 말든지 모른 척하고 내팽개쳐 놓겠습니까? 만약 그런 부모가 있다면 심각한 정신질환을 앓고 있는 환자일 것입니다.

서로 유난히 싸우는 두 형제 때문에 힘들어 하는 부모님이 계셨습니다. 부모님은 눈만 뜨면 서로 싸우는 어린 두 형제를 보며 세상에 피붙이라고는 그 두 형제뿐인데 나중에 커서도 저렇게 싸워 서로 의가 상해서 연락도 끊고 안 보고 지내게 되면 어떡하나 걱정이 크셨습니다. 그런데 어느 날 피범벅이 되어서 둘이 들어왔더랍니다. 부모님은 기절할 만큼 놀라셨습니다. 매일 티격태격 싸우더니 이제는 저렇게나 크게 싸웠나 하는 생각이 들었습니다. 자초지종을 들으니 동생이 손버릇 나쁜 친구들에게 당하는 것을

나만의 하나님이 아닌 우리 모두의 하나님

보고 형이 동생을 구하다가 상처가 조금 난 것이었습니다. 그 날 부모님은 가슴이 철렁할 정도로 많이 놀라기는 했지만 평소 염려했던 것과는 달리 형제의 우애(友愛)가 돈독해 보여서 마음은 그 어느 때 보다 기쁘고 감사했다고 합니다. 그리고 "동생이 많이 놀랐으니까 당분간 신경 좀 써 줘요."라고 이야기하는 큰 아들이 그렇게 고맙고 기특할 수가 없었다고 합니다. 그 후로 부모님의 걱정이 눈 녹듯 사라졌습니다. 이 마음이 모든 부모님들의 마음이 아닐까 생각합니다. 사랑하는 자녀들이 서로 의좋게 의지하며 잘 지내는 모습을 보는 것이 모든 부모님들의 바람일 것입니다.

모든 부모님의 마음이 그러하듯 우리 하나님의 마음도 그러하리라 생각합니다. 부모 된 마음으로 나의 자녀들이 형제, 자매로서 서로 어떤 모습으로 살아가기를 바랄지 생각한다면, 하나님께서는 현재 나의 모습을 어떤 마음으로 보실까 한 번쯤 생각해본다면, 그렇게 '내 멋대로의 신앙'이 될 수는 없지 않을까요.

한동안 성경책을 읽을 수가 없었던 적이 있었습니다. 믿음도 없고 끈기도 없고 무지하고 어리석고 이기적인 이스라엘 백성들의 모습을 보면 내 모습을 거울로 비추는 것 같았고 요즘 시대를 비추는 것처럼 보였고 그런 모습에 가슴 아파하시며 바라보시는 하나님의 마음이 느껴져서 성경을 읽을 수가 없었습니다. 가슴이 미어지듯이 아팠습니다. 기도도 못했습니다. 그냥 눈물만 나왔습니다.

당시에는 그런 감정들이 너무 힘들고 거부하고 싶어서 하나님께 나에게 왜 그러시냐고 따지고 반항도 했지만 지금 생각하면 그 단계를 거치기를 참 잘 했다는 생각을 합니다. 그 단계를 통해서 조금은 신앙인으로 한 발자국 더 나아갈 수 있게 되었습니다. 하나님은 아들이신 예수님을 보내 우리의 죗값을 치르시고 친히 모든 인류를 당신의 자녀 삼기 원하시는 분이셨습니다. 우리는 모두 그 크신 하나님의 자녀입니다.

그렇다면 육신의 형제만이 아닌 타인들도 우리의 형제요, 부모입니다. 그런 우리가 나만 아니면 된다는 생각으로 삶을 살아간다면 하나님의 마음이 어떠실까요? 그리고 하나님께서 나를 특별히 사랑해서 내게는 그런 나쁜 일이 일어나지 않는다고 생각하는 유아적인 모습으로 살아간다면 그 분의 마음이 어떠실까요? 시간이 지나고 장성할 나이가 되었음에도 아이가 자라지 않는다면 그 아이는 부모님께 슬픔이고 아픔일 것입니다.

우리의 신앙도 마찬가지입니다. 하나님의 마음에 비추어 볼 때 오늘의 나의 모습은 어떤가요? 나의 모습이, 우리의 모습이 하나님께 기쁨이기를 간절히 소망합니다.

11. 천국? 궁금하지 않습니다.

"하나님을 만나본 적 있어?" "하나님의 음성 들었어?" "천국
가 봤어?" 가끔 받는 질문입니다. 그 질문에 한 번도 "예"라고 대
답하지 못했습니다. "예"라고 대답하면 다른 질문들이 연이어 쏟
아질 것 같고 그렇게 하다보면 자랑거리가 될까 싶고, 깨끗하게
"아니요" 하면 일단락되어 정리되기 때문입니다.

채 스무 살이 되기 전의 일입니다. 저녁에 혼자 교회에 갔는데
아무도 없는 캄캄한 교회에서 천사와 주변의 환한 빛을 보았습니
다. (하나님은 왜 그렇게 일찍, 뭐가 뭔지도 모르는 이제 막 걸음
마를 시작한 아이한테 그렇게 큰 것을 보여주셔서 놀라게 하셨는
지 모르겠습니다.) 너무도 놀랍고 신기해서 어느 분께 이야기를
했더니 환상을 본 거라고 대단하다시며 간증을 하라고 권유했습
니다. 그 말에 놀라고 당황한 후로는 무조건 "아니요"로 대답합
니다.

개인적으로 은사든지 환상이든지 하나님께서 선물로 주시면

누구든지 받는 것으로 생각하기 때문에 별로 대수롭지 않다고 생각하는 사람입니다. 그렇게 생각해서인지 저는 열아홉 살쯤에 서너 번 사랑의 은사를 구한 것 외에는 어떤 은사도, 그 어떠한 영적 체험을 하게 해 달라고 기도한 적이 없습니다.

지금 생각하면 사랑할 수 있는 마음만 있으면 된다고 생각했었던 것 같습니다. 그때나 지금이나 욕심 없이 내 주위 사람들과 마음을 나누며 함께 더불어 살면 된다고 생각했었던 같습니다. 그래서 하나님께 내 주위에 있는 사람들을 사랑하며 살게 해 달라고 기도했습니다. 그런데 구하지도 않았거니와 한 번도 생각조차 한 적 없는 다른 은사들을 주시는 하나님께서 당시는 너무도 이상했습니다.

"내가 사람의 방언과 천사의 말을 할지라도 사랑이 없으면 소리 나는 구리와 울리는 꽹과리가 되고, 내가 예언하는 능력이 있어 모든 비밀과 모든 지식을 알고 또 산을 옮길 만한 모든 믿음이 있을지라도 사랑이 없으면 내가 아무 것도 아니요, 내가 내게 있는 모든 것으로 구제하고 또 내 몸을 불사르게 내줄지라도 사랑이 없으면 내게 아무 유익이 없느니라…. 사랑은 언제까지나 떨어지지 아니하되 예언도 폐하고 방언도 그치고 지식도 폐하리라.(고린도전서 13장 1~3절, 8절)

이 고린도전서 말씀에서 그 어떤 크고 놀라운 은사와 능력과 믿음을 갖고도 사랑이 없으면 모두 헛것이라 하셨는데 내가 원하지도 않는 것들을 주신다는 것이 이상해서 거부했습니다.

무엇보다 그 즈음에 여러 은사들을 받으신 어느 목사님과 사모님의 행동이 너무 덕이 안 되는 모습들을 거의 매일 보며 혹여나 나도 그렇게 될까 두려웠고 그러한 은사들로 인해 나도 모르게 교만해질까봐 두려웠습니다.

반대로 사랑의 은사는 교만함 보다는 왠지 겸손이 더 앞설 것 같은 생각이 들어서 하나님께 "다른 거 싫어요, 사랑의 은사 하나만 주세요." "저는 그냥 여러 가지의 은사로 어떤 큰 일을 하고 싶은 것이 아니라 소박하게 삶 속에서 하나님을 경험하며 살고 싶어요." 하고 구하였는데 구하는 것을 주시기 전에 구하지 않은 다른 것들을 주셔서 여러 번 거부했던 것 같습니다.

시간이 지나고 조금씩 성숙해지면서 의연하고 겸손한 마음으로 받아들이게 되었고 감사함으로 혼자만의 기도의 도구로 사용하게 되었습니다. 표적이든 환상이든 은사를 선물로 주시는 이유는 내가 특별해서도 아니요, 예뻐서도 아니요, 오직 그분의 선하신 뜻을 이루어 가시기 위한 하나의 도구라고 생각할 뿐, 그 이상도 그 이하도 아님을 깨닫고 나니 한결 마음이 편안해졌습니다.

어떤 환상을 원하고 표적을 원하는 그리스도인들을 종종 만나곤 합니다. 그분들의 마음을 이해하면서도 안타까운 마음이 생깁

세상여행 즐거웠어요!

니다. 어린아이가 엄마, 아빠에게서 자기가 원하는 어떤 큰 선물을 받음으로써 비로소 엄마 아빠의 사랑을 확인하듯이 어떤 환상과 표적을 통해 믿음의 깊이를 판단하려는 신앙이 아닌가 하는 생각이 들어서입니다. 어린아이에게 그 어떤 크고 좋은 선물을 한다고 해서 갑자기 그 아이가 성숙한 어른이 되지 않습니다. 선물은 기쁨이고 고마움입니다.

선물은 기쁘고 감사한 마음으로 받아 소중하게 잘 활용하는 것이 맞듯이 하나님께서 나에게 주신 여러 은사들을 기쁘고 감사한 마음으로 받아 겸손한 자세로 그의 나라와 그의 의를 구하는 일에 무릎 꿇는 마음으로 사용해야 한다고 생각합니다. 우리가 정말로 찾고 구하여야 할 것은 잠시 있다가 없어지는 것이 아니라 매일매일을 그리스도와 함께 죽고 그리스도와 함께 사는 삶을 끊임없이 추구하는 것입니다.

어느 분이 천국이 궁금하지 않느냐고 질문을 하셨는데 저는 궁금하지 않다고 했습니다. 언젠가 갈 천국이고 그 나라에 가면 최고의 모습으로 즐겁고 행복하게 마음껏 누리며 영원히 살 것이 이미 확증된 천국백성이기 때문에 궁금하지 않습니다. 궁금함 보다 하루속히 가고 싶은 마음 누구보다 간절합니다. 할 수만 있다면 지금 당장이라도 이 땅에서의 삶을 접고 천국으로 가고 싶습니다. 이 땅에서의 삶이 불행해서가 아닙니다. 물론 힘들고 고통스러운 삶인 것도 부정하지 않겠습니다. 그러나 그 힘듦과 고통을 밑바탕에 깔아놓고 그 위에서 하루하루의 삶을 즐겁고 행복하게 살아가는 것이 우리 모두에게 주어진 삶이라 생각합니다.

그렇기 때문에 저는 오늘 하루를 즐겁고 행복하게 살아내려고 노력하며 살아갑니다. 그렇게 살다가 이 세상 끝나는 날, 천국에 가서 하나님께 "세상여행 정말 즐겁고 행복하게 잘 하고 돌아왔어요."라고 말씀 드릴 것입니다. 꼭, 반드시 그렇게 말씀드릴 수 있기를 바라고 소망하며 오늘 하루를 최선을 다하여 살아내고 있습니다.

누구처럼 죽지 못해서 사는 삶이 아니라 죽을 만큼, 아니 죽기보다 힘든 오늘의 세상여행이지만 죽을 힘을 다하여 감사함으로 즐겁고 행복하게 있는 힘껏 살아 볼 것입니다. 이 여행이 끝날 때까지…. 어느 누구보다 반갑게 맞아주실 나의 사랑하는 아버지, 나의 하나님을 고대하면서 말입니다.

12. 당신은 불편하지 않으십니까?

"혼자 어떻게 살아요?" "생활하기 불편하지 않아요?" 참으로 많이 받는 질문입니다. 보통 비장애인들이 장애인들을 처음 만나서 무슨 말을 하기는 해야 할 것 같은데 무슨 말을 어떻게 해야 할지 잘 생각이 나지 않을 때 많이 던지는 질문들인 것 같습니다.

저도 지금까지 살아오면서 가장 많이 받은 질문 중 하나가 바로 이 질문입니다. 그 질문을 되받아서 저도 질문합니다. "생활하다가 불편함 없어요?"라고 말입니다. 그렇게 되받아 질문을 하면 머뭇머뭇 하시는 분들도 있고 무슨 뜻인지 모르겠다는 표정을 지으시는 분들도 더러 있고 이렇게 저렇게 다양한 반응들을 보입니다.

사람은 누구나 조금씩은 불편을 감수하며 살아간다고 생각합니다. 그러나 우리는 그런 불편을 일일이 표현하지도 않고 또 그런 질문을 하지도 않습니다. 보통 만남에서 대화내용의 우선순위로 누구랑 사느냐, 혼자 살기 불편하지 않느냐는 아닐 것입니다.

대화내용의 우선순위로 정하기에는 사실 불필요한 내용들이지요. 그런데 왜 유난히도 장애인에게만 그런 질문들을 하는 것일까요?

그것은 아마도 안타까운 마음이 크게 앞서기 때문일 것입니다. 그렇다면 그 안타까운 마음이 드는 이유는 무엇일까요? 비장애인이 장애인을 바라보는 시각에서 오는 생각의 차이가 아닐까요? 비장애인들이 장애인들을 바라보는 관점들 중의 하나는 "당신들과 우리는 다르다"에서 더 나아가 "당신들은 틀리다"입니다. 그게 그거 아닌가 라고 생각하시는 분들도 있겠지만 '틀리다'와 '다르다'는 엄청난 차이가 있습니다.

영어로 '틀리다'는 'wrong'이고 뜻은 "잘못된", "틀린", "나쁜" 등으로 되어있고 '다르다'는 'different'로 그 뜻이 "다른", "여러 가지의", "별개의", "독특한" 등으로 나와 있습니다. 국어사전에도 '틀리다'는 '다르다'의 비표준어", "맞지 않고 어긋나다", "지루하거나 아파서 비비 꼬이게 돌아가다"로 나와 있습니다. 반면 '다르다'는 "서로 같지 않다", "보통의 것보다 두드러지는 데가 있다"고 나와 있습니다. 언뜻 봐도 두 단어의 뜻이 확연히 다름을 알 수 있습니다.

거의 대부분의 사람들이 '다름'을 '다름'으로 보지 않고 '틀림'으로 보는 관점을 갖고 있기 때문에 여러 문제가 발생한다고 생각됩니다. 사람도 백인이 있고 흑인이 있고 황인이 있습니다. 언어도 영어, 독일어, 일어, 등등 세계 여러 나라의 언어가 각각 다다릅니다. 언어의 차이를 대하면서 "영어는 맞고 일본어는 틀리다." 하고 말하면 안 되지요. 물론 그렇게 생각하는 사람도 없을 것입니다. 마찬가지로 "흰색은 맞고 검정색은 틀리다."라고 말하지도 않거니와 그렇게 보지도 않습니다. 흰색과 검정색은 다름의 차이지 틀림의 차이가 아니기 때문입니다. '다름'은 말 그대로 서로 동등하기 때문에 어떤 것을 해결해야 할 문제로 생각하지 않지만 '틀림'은 무언가 잘못되어서 반드시 해결해야 할 것 같은 느낌이 드는 단어입니다.

많은 비장애인들이 장애인들을 만나면 무엇인가를 해줘야 할 것 같고 문제를 해결해줘야 한다는 생각을 무의식중에 하는 것 같습니다. 그렇기 때문에 굳이 하지 않아도 될 질문들을 하는 등 불필요한 말들이 오고 갑니다. 장애인들만 불편함을 느끼는 것은 아닐 것입니다. 비장애인들 역시 불편함을 많이 느낄 때가 있을 것으로 생각합니다. 예를 들어 키가 작은 사람은 높은 곳에 있는 물건을 혼자 내리기 어려워 누군가의 도움을 필요로 합니다. 그러나 우리는 그 키 작은 사람을 안타까워하거나 불쌍한 눈으로 보지 않습니다.

장애인과 비장애인의 차이는 다름의 차이이지 결코 틀림의 차

나도 불편할 때가 있어요

이가 아닙니다. 어차피 개개인의 생활방식, 가치관 등 모두 각자의 색깔이 있고 그 색깔대로 살아가고 있듯이 장애인들도 각자 삶의 색깔대로 살아가고 있습니다.

가끔 어떤 문제에 부딪쳤을 때, 아는 분들로부터 어떻게 하냐고 걱정해 주면 제가 늘 하는 말이 있습니다. "이것 또한 제가 감당해야 할 나의 몫이니 너무 걱정하지 않으셔도 됩니다." 하고 안심시켜 드립니다. 그러나 동정심이나 건성으로 묻는 사람들에게는 그냥 무시하거나 당신과 상관없는 일이니 관심 끄라고 해 버립니다. 몸의 장애가 있다하여 누군가로부터 동정 받거나 업신여김을 받을 이유가 없고 차별 받아야 할 이유는 더더욱 없기 때문입니다.

모든 생명체에는 각자의 몫이 있습니다. 곤충이든, 식물이든, 동물이든, 모두 그 몫대로 열심히 자기 생명을 키워나갑니다. 우리는 그 여리고 약한 생명체들이 자기 몫을 다하여 꽃을 피우고 알을 낳아 새끼를 기르는 모습들을 보며 경이로움을 표현하기도 하고 아름다움을 느끼기도 합니다. 모두 각자에게 주어진 삶의 몫이 있듯이 장애인에게도 자기 삶의 몫이 있습니다. 다만 차이가 있다면 빨강, 노랑, 파랑의 차이겠지요. 색깔에도 다름의 차이가 있듯, 각자 삶의 몫이 다르다하여 옳고 그름을 판단하지 않습니다.

나와 다른 그 무엇을 경험하거나 다른 그 무엇을 보더라도 주관적으로 옳고 그름을 판단하기 보다는 좀 더 객관적인 시각으로 바라보도록 노력해야 하지 않을까 생각해봅니다.

좀 더 열린 마음으로 세상을 살아가는 우리가 되길 바라는 마음으로….

13. 당연한 것은 없다

"장애인들은 받을 줄만 알고 줄 줄은 모른다."

"장애인들은 감사할 줄도 모르며 이기적이고 고집이 세다."

많은 사람들이 하는 말이고 많이 듣는 말입니다. 예, 맞습니다. 인정합니다. 모두 맞는 말입니다. 몸이 불편하다는 이유로 도움 받는 것에 대하여 전혀 개의치 않고 '내가 도움 받는 것은 당연해.'라고 생각하는 장애인들이 정말 많습니다. 너무 오랫동안 도움을 받으며 살아왔기 때문에 자연스레 익숙해지고 그러다 보니 그 생활에 완전히 젖어서 고마움도, 감사도 사라지고 당연시되어 버리는 현상이지요. 무의식 속에 '나는 이러하니 당연하다'는 생각이 잠재되어 있어서 도움 받는 것이 당연시되었으리라 생각합니다.

그런데 이러한 사례들은 장애인들에게서 뿐 아니라 비장애인들의 모습에서도 적지 않게 보곤 합니다. '나는 이러니까, 저 사람은 저러니까 나한테 이렇게 하는 것이 당연해.' '나는 이러한 것쯤

받는 것은 당연해.' 라는 사고를 가진 분들을 주위에서 종종 만나곤 합니다.

어린 시절에도 그런 어른들의 모습이 좋지 않게 보여서 '나는 커서 저런 사람은 되지 말아야지.'라고 다짐했던 기억이 납니다. 그래서일까요? 사춘기가 지나기까지 그 어떤 도움도 거저 받는 것을 지독히 싫어했습니다. 그리고 지금, 어찌 보면 받는 것에 익숙해지고 당연시되기 쉬운 조건에 처해 있지만 받는 것에 익숙해지지 않으려고 무던히 노력하며 살아가고 있습니다.

또 그래야 한다고 생각합니다. 세상에 당연한 것은 없으니까요. 그 어떠한 것도 당연한 것은 없다고 생각합니다. '당연함'이라는 단어는 섬기고 나누는 당사자가 갖는 마음이지 그것을 받는 입장에서는 어떤 것도 당연하게 생각해서는 안 된다고 생각합니다. 타인의 도움을 대하는 태도는 '당연함' 대신 '감사'여야 하며 고마움이고, 기쁨이어야 한다고 생각합니다.

장애인이든 비장애인이든 이웃과 더불어 마음으로 함께 나누며 살아감이 옳다고 생각합니다. 그러나 사람들의 모습 속에서 이러한 마음이 아무나 가질 수 있는 것은 아님을 알 수 있습니다. 하나님의 은혜 안에 거하는 사람만이 이 마음을 가질 수 있다는 것을 느낍니다. 받는 것도 주는 것도 인간적인 언행과 마음이 아니라 하나님의 사랑 안에서 은혜로 이루어집니다. 그럴 때 고마

당연함 대신 고마움

움과 감사가 생기고 그 고마움과 감사의 마음으로 나도 누군가와 나누고 싶은 마음이 자연스럽게 우러나는 것 같습니다. 그러므로 '나눔'이란 단어와 '당연함'이란 단어는 장애인에게만 적용되는 것은 아니라고 생각합니다.

예전부터 종종 듣는 말이 있습니다. 성희씨는 다른 장애인들과 많이 다르게 늘 긍정마인드로 사는 것 같고 배려심이 몸에 배어있는 사람 같다고요. '긍정마인드'와 '배려심'. 욕심과 집착을 버리고 서로 다름을 인정하면 그렇게 살 수 있지 않을까 생각합니다.

장애인 중에는 사람에게 집착하여서 상대를 질리게 하고 부담스럽게 만드는 사람들도 많이 있습니다. 장애인들은 다양한 사람들을 만나지 못합니다. 한정된 생활 속에서 한정된 사람들만 만나다 보니까 세상을 바라보는 생각의 폭이 작습니다. 그렇기 때문에 어쩌다 본인에게 관심을 주고 친절을 베푸는 상대를 만나게 되면 놓치고 싶지 않은 강한 욕구로 인해 애착형 집착을 보여서 상대에게 부담감을 주고 그 상대는 질려서 그만 나가떨어지게 됩니다. 그렇게 되면 또다시 마음의 상처를 받아서 본인이 상대를 힘들게 한 태도에 대해서는 전혀 생각하지 못한 채 떠나간 사람과 세상을 향해 원망하고 자존감은 점점 낮아지고 피해의식이 높아지면서 자기를 합리화하고 본인의 태도를 정당화합니다.

편든다고 생각하실지 모르겠지만 이들이 그렇게 생각하고 살아가는 데에는 그럴 만한 이유가 있습니다. 얼마 전까지만 해도 한국이라는 나라가 장애인이 살아가기에는 여러모로 악조건이었고 아직도 그다지 좋은 조건이라고 할 수 없는 것은 애석하지만 사실입니다. 예전에는 말할 것도 없고 지금도 장애인을 벌레 보듯 하는 사람들이 있다고 하면 믿어지시나요? 지금도 거리에서 "병신이 재수 없게 밖에 나와서 활개를 쳐!"라며 장애인에게 막말을 하는 사람이 있다고 하면 믿기 어려우시죠? 그러나 사실입니다 불과 2~3년 전에도 직접 들은 말이고 본 광경입니다.

이런 사회 속에서 무엇을 하며, 어떻게 자존감을 높이고 긍정 마인드를 가지고 살아갈까요? 우리 사회에는 본인의 의지와는 상관없이 살기 위한 수단으로 일거수일투족을 도움을 받으며 사는 장애인들이, 이 글을 쓰고 있는 저를 비롯하여 참으로 많습니다. 일거수일투족을 모두 타인에게 내어 맡겨야 하는 그 비참함이 어떤 것인지, 그럴 수밖에 없는 마음이 어떤 마음인지…. 그것은 무엇으로도 표현할 수 없는, 겪어보지 못한 사람은 결코 상상할 수 없는 그런 마음입니다.

어느 때는 하루에 열두 번도 더 죽고 싶은 마음(필자도 신앙이 없었다면 내 몸을 활동보조원에게 맡기는 것을 견디지 못하고 자살을 했을 것입니다)이 들 정도로 비참함을 느끼면서도 내색하지 않고 살아가고 있는 사람에게, 마치 초등학교 4학년 어린아이에게 가르치듯이 "너는 모든 사람에게 감사해야 돼, 알고 있지?"라고 말을 한다면 어떤 마음이 생기겠습니까? 이 말도 안 되는 경험을 불과 3주 전에도 했습니다.

세상이 많이 좋아지고 사회인식도 점차 달라지고 있는 것이 사실이지만 여전히 맞닥뜨리는 현실은 이렇습니다. 이런 현실을 살고 있는 장애인들의 삶을 어떻게 함부로, 받을 줄만 알고 감사를 모른다고 할 수 있겠습니까? 장애인들이 잘못이 없다고 말하는 것이 아닙니다. 한 번쯤은 그들의 삶을 들여다 봐 주십사 간곡한 부탁을 드리고 싶었습니다. 다만 그들의 영혼의 불쌍함을 놓고 기도해 주십시오.

정말 아주 많이 듣는 말 중 하나가 "성희씨는 다른 장애인들과 참 많이 다르다"입니다. 또 가끔은 "성희씨 대하듯이 어느 장애인 분을 대했을 뿐인데 버럭 화를 내더라"며 본인이 무엇을 잘못했는지 질문해 오시는 분들도 있습니다. 그런 말을 들을 때마다 생각나는 말씀이 있습니다. "나의 나 된 것은 내가 아니요 오직 내 안에 살아 역사 하시는 그리스도시라." 그렇기 때문에 가능합니다. 결코 내가 잘나서도, 너그러워서도 아닙니다. 오직 하나님의 은혜입니다.

그 은혜가 오늘 내가 긍정 마인드를 가지고 살아가는 원동력입니다. 그 은혜가 있기에 때로는 말도 안 되는 경험을 하고 자괴감마저 들게 하는 삶을 살지라도 나는 오늘을 살아갑니다. 그리고 시시때때로 찾아주시는 사랑의 손길들과 언제든지 "아버지!" 하고 부르면 "사랑하는 딸아!" 하시며 손 잡아주시는 최고의 아버지이신 하나님께서 계시기에 하루하루를 감사와 기쁨으로 살아갈 수 있습니다.

이 밤에도 은혜를 구합니다.

"나의 나 된 삶이 아닌 오직 그리스도의 향기가 나타나는 삶으로 살아가기를 원합니다."

14. 성희씨는 외로움 같은 거 안 느끼지?

여러분, 장애인에게도 외로움, 슬픔 등 인간이라면 느끼는 모든 감정이 다 살아있습니다. 장애인이라고 해서 감정까지 장애가 있는 것은 아니니까요.

장애인으로 살아오면서 정말이지 너무도 불필요한 질문들을 많이 받습니다. 예를 들어, "걱정할 일이 없지? 무슨 걱정거리가 있겠어? 속 썩이는 남편도 없고 자식도 없고. 그치?" 그나마 세상 사람들이 그런 질문을 하면 백 번 양보해서 이해합니다. 하나님을 모르는 사람들이니까요. 그런데 한 공동체, 형제자매라고 하는 교회 안에서 그런 말을 들으면 정말 솔직한 심정으로 "일주일, 아니 3일만 당신도 나처럼 한번 살아보고나 그런 말 해라."는 말과 "남편과 자식 때문에 그렇게 힘든가요? 그럼 오늘부터 당신 자식과 남편 빨리 죽게 해 달라고 기도할까요?"라고 막말이 나오려고 합니다. 너무 터무니없게 불필요한 질문들을 받으니 화가 올라오는 것이지요.

그런데 왜 이렇게 질문 같지도 않은 질문들을 하는 것일까요? 그것은 아마도 비장애인들이 장애인을 바라보는 시각의 차이, 즉 장애인을 다름이 아닌 틀림으로 보는 편견이 낳은 결과라고 생각합니다. 동등한 한 인격체로 보지 못하고 장애인으로만 보기 때문에 그런 불필요한 질문들을 하는 게 아닐까 싶습니다.

사람들과 관계를 맺다보면 그리 오래 지나지 않아 자연스럽게 장애인을 장애인으로만 보고 대하는지, 장애는 있지만 거기에 국한하여 보지 않고 동등한 한 인격체로 보는지 알 수 있습니다. 대부분 장애인을 본인과 동등한 인격체로 대하는 사람들은 그런 질문을 하지 않습니다. 그러나 장애인을 장애인으로만 보는 사람들은 장애인을 대하는 태도 하나하나가 인격의 수준을 한 단계 아래로 내려 보고 대하는 것을 정말 많이 경험합니다. 대부분 그런 사람들이 굳이 하지 않아도 될 그런 질문들을 많이 합니다.

근래에 와서는 많이 줄어들었는데 꽤 오랫동안 많이 들은 말이 "성희씨는 외로움 같은 거 못 느끼지?"입니다. 그 질문에 그냥 웃고 가만히 있을 때도 있고 "나는 사람 아닌가요?"라고 도로 질문할 때도 있습니다. 아주 가끔은 '나를 감정도 뭐도 없는 로보트로 보는 건가?'라는 생각이 들 때가 있습니다. 물론 그렇게 보시는 분들은 아무도 없음을 잘 알고 있습니다. 그럼에도 불구하고 그런 생각이 드는 이유는 아마도 너무 질문 같지 않은 질문을 받아서가 아닌가 생각합니다.

열 살 이전부터였던 것 같습니다. 아무 이유 없이 그냥 엉엉 울었던 기억이 있습니다. 누구 하나 놀아 줄 사람도, 아무도 함께 있어줄 사람 없이 혼자만의 시간을 보내야 했던 어린 시절. 너무 외로워서, 정말 너무 외로움에 사무쳐서 그렇게 서럽게 울고 울고 또 울었음을 나중에 심리학을 공부하면서 비로소 알게 되었습니다. 그 외로움이 소아우울증으로까지 되었고 그 소아우울증이 나중에는 만성우울증과 만성불면증이 되었습니다. 많이 회복되기는 했지만 가끔, 아니 어느 때는 주기적으로 물 밀 듯 밀려오는 우울감과 외로움으로 인해 슬픔의 감정을 주체하기 힘든 시간들을 지금까지도 겪고 있습니다. 그런 사람에게 외로움 같은 건 못 느낄 것으로 판단하고 질문을 하면 어쩌란 말인가요?

물론 좋은 뜻으로 그런 질문을 한다는 것도 잘 알고 있습니다. 사람들 앞에서 좀처럼 우울한 얼굴을 보이지도 않고 몇 년 전까지만 해도 '홍길동'에 '전국구 마당발'이라는 별명을 가진 사람에게 외로움이라는 단어가 어울리지 않다고 생각되었겠지요. 정말 한때는 하루에 100명 가까운 사람을 만나고 24시간이 모자랄 정도로 바쁜 삶을 살았습니다. 그런데 그렇게 바쁜 삶 가운데 '무리 속의 외로움'이라는 단어와 '공허함'이라는 단어가 늘 따라다녔습니다. 외로움과 공허함이 너무 커서 자살하고픈 충동도 수 십 번

공허해...

은 넘게 겪었습니다. 어찌 보면 정말 지독한 외로움과의 사투 속에서 매일 밤을 버텨왔던 것 같습니다. 간혹 매스컴에서, 혹은 주위에서 자살했다는 소식을 듣고 "어떻게 자기가 자기 목숨을 끊어?" 하시며 동정하듯 정죄하는 분들이 계신데 어쩌면 우울증이 심한 환자들에게는 죽는 게 밥 먹는 것보다 쉬울 수도 있습니다. '우울증'이란 마음의 병이 그만큼 무섭고 위험한 병이라는 뜻이지요. 그러나 '조성희'라는 사람이 그런 지독한 병을 가지고 있는 줄은 아무도 몰랐습니다. 그 누구에게도 입도 벙긋하지 않았기 때문입니다.

긍정마인드로 늘 열심히 사는 사람, 모범이 되는 삶을 사는 사람으로 알려져 있어서이기도 했지만 그것까지도 내가 감당해야 할 나만의 몫이라고 생각했기 때문에 누구에게도 내색하지 않았던 것 같습니다. 어쩌면 저와 오랫동안 알고 지내시던 분들이 이 글을 보시게 되면 놀라실 지도 모르겠습니다. 그러나 놀라지 마세요. 완전하게 치유된 것은 아니지만 예전에 비하면 많이 회복되었답니다.

만약 하나님을 몰랐다면 확신하건데 지금 저는 이렇게 살아있지 못할 것입니다. 그래서 늘 감사한 마음입니다. 오늘도, 내일도 감사의 마음은 변치 않을 것입니다. 너무 터무니없게 불필요한 질문을 받기도 하고 때로는 장애인이라는 이유로 수준 이하의 취

급을 당해도 이젠 웃어넘길 수 있는 마음의 여유가 생겼습니다.

다만 이 글을 이토록 장황하게 쓰는 이유는 화풀이하려는 뜻도, 무슨 푸념을 하려는 것도 아니라 장애인도 비장애인과 전혀 다름이 없음을 알리고 싶어서라고 생각해 주셨으면 좋겠습니다. 장애인도, 비장애인도 좀 더 객관적인 시각으로 서로가 서로에게 다가갈 수 있는 사회가 되길 바라는 마음입니다.

15. 믿음은 신뢰입니다

관계에서 가장 중요한 것 중 하나를 꼽으라면 '신뢰'라고 말하고 싶습니다. 내가 상대를 얼마나 신뢰하느냐에 따라 그 관계의 깊이를 알 수 있고 지속될 것이라고 생각합니다. 인생을 살면서 누군가가 나를 신뢰한다면 그것만큼 고마운 일이 또 있을까요?

"나는 네가 산꼭대기에서 배가 뜬다고 해도 믿는다."고 하시는 분이 제게 있습니다. 얼마나 고맙고 감사한지 모릅니다. 서로의 신뢰가 높을수록 상대가 어떤 말을 해도 그냥 믿어지고 의심하지 않습니다. 때로는 이해되지 않는 말과 행동을 해도 그 사람이 그러는 데에는 분명한 피치 못할 사정이 있을 것이라고 생각하게 될 것입니다. 이것이 진정한 신뢰이고 믿음이라 생각합니다.

사람과의 관계가 이러하듯이 나와 하나님과의 관계도 다르지 않다고 생각합니다. 때로는 말할 수 없는 탄식과 고통에 처하는 일이 생겨도, 내가 어떠한 상황에 처해도 여전히 하나님은 나를 사랑하시고 책임지실 것이라는 믿음의 신뢰가 깊을수록 하나님과의 깊은 관계를 맺을 수 있음을 제 오랜 아픔과 경험을 통하여 알 수 있었습니다. 그것이 믿음이자 신뢰이며 신앙생활입니다.

앞의 이야기를 보신 분들 중에 저에게 그런 우울증과 공허함이 있었으리라고는 전혀 생각지 못했다는 분들도 있었고 그렇게 힘든 우울증을 어떻게 극복해 왔는지 궁금해하는 분들도 있었습니다. 그 힘든 우울증을 어떻게 극복해 왔느냐고 물으신다면 극복한 것이 아니라 하루하루를 믿음의 신뢰로 그냥 버티며 살아왔노라고 대답하겠습니다. '극복'이라는 말이 어울리려면 우울증도 외로움도 없어져야 하겠지만 이 글을 쓰기 이틀 전에도 공허함과 동시에 우울감과 외로움으로 인해 갑자기 슬픔이라는 감정이 밀려와 어느 샌가 두 눈에서 눈물을 흘리기도 하니…. 여전히 극복은 아니지요.

굳이 조금이라도 어울리는 단어를 찾아내어 말을 한다면 '극복하다'가 아니라 '딛다'일 것입니다. 정말 어느 때는 지독하리만큼 견디기 힘들 정도로 외로움과 우울감이 밀려와서 어찌할 바를 모르는 상황에서도 하루하루를 잘 견디고 이겨오다 보니 여기까지 '딛고' 왔습니다.

그렇게 오랫동안, 그렇게 지독한 공허함과 우울함을 견뎌낼 수 있었던 것은 오직 하나님께서 나를 사랑하신다는 믿음과 신뢰가 있었기 때문이었습니다. 어떠한 망가진 모습으로든 하나님을 부르기만 하면 안아주시고 토닥거려 주신다는 믿음과 신뢰가 있었기에 슬프면 슬픈 대로, 우울감이나 공허함이 밀려오면 또 그 모습 그대로 "하나님, 저 너무 슬퍼요." "하나님, 저 공허해요." "하나님, 너무 힘들어요." 이렇게 솔직하게 언제든 "하나님!" 하고 부르면 어김없이 등을 토닥거려 주시는 그 하나님의 사랑으로 하루하루 견뎌오다 보니 오늘까지 잘 버티며 이겨왔습니다.

하나님과의 관계에 있어 중요한 것 중 하나는 내가 나를 인정하는 것이 아닐까 생각합니다. 포장된 내 모습이 아니라 나의 추한 모습, 내가 가진 모든 나약함, 몸과 마음의 아픔, 현재 처한 상황, 현재 나의 정신 상태 등 모든 것을 들여다보고, 인정하고 싶지 않은 내면의 모습까지도 인정하고 그 모습 그대로 하나님께 나갈 수 있어야 진정한 신뢰와 믿음이 생기고 하나님을 전적으로 의지하게 되는 것 같습니다.

제게 있어 하나님은 최고로 신뢰하고 믿는 사랑의 하나님께서십니다. 그렇기 때문에 여전히 힘들어 하면서도 지금 이렇게 글을 쓰고 있습니다. 어찌 보면 글을 쓴다는 것은 보이고 싶지 않은 내면의 모습까지 (물론 전부는 아니겠지만) 모두 보여야 하는 작업일지도 모릅니다. 보이고 싶은 점 보다는 보이고 싶지 않은 점들이 훨씬 많은 게 제 모습입니다. 이렇게 쓰면 내 자랑거리가 될까 조심스럽고 또 저렇게 쓰면 너무 부정적이고 날카롭게 쓰여질

하나님, 저 너무 슬퍼요.
나도 슬프구나 …

까 조심스럽고 때에 따라서는 기억하고 싶지 않은 기억까지 끄집어내어 써 내려가야 하는 이 작업이 어느 때는 고통이고 아픔입니다.

어느 모임에서 딱히 할 말이 없어서 "없다" 했더니 페이스북에서는 할 말이 많던데 왜 없냐는 얘기를 듣기도 하는데 얼핏 들으면 '내가 굉장히 하고 싶은 말이 많아서 매주 글을 쓰는 것으로 아시는구나.'라고 생각되기도 합니다. 그런데 실은 해야 할 말이 많아서도, 하고 싶은 말이 있어서도, 또 할 만해서도 아닙니다.

예전부터도 검지 손가락하나로 타자를 칠 수밖에 없었는데 이제는 그 하나마저도 점점 마비가 되어 정말 많이 힘든 현실이지만, 그럼에도 불구하고 이렇게 써 내려가는 것은 오로지 '신뢰' 때문입니다. 수십 번도 넘게 글을 쓰라는 말을 듣고도 쓰고 싶지 않아서 안 쓰려고 했다가 두말도 못하고 쓰기로 한 이유는 오로지 하나님을 신뢰하기 때문입니다. 그리고 그 신뢰만큼 약속을 소중히 여기기 때문입니다.

그냥 글을 써서 책을 내라고 했을 뿐 누구도 매주 글을 써서 페이스북에 올리라고 강요하지 않았습니다. 스스로 세운 규율이고 약속입니다. 스스로 세운 규율과 약속, 하나님을 신뢰하는 만큼 내 삶의 어떤 한 영역에서는 나 자신에게 보다 엄격해짐으로써 조금 더 나은 은혜의 사람이길 소원합니다.

16. ~다운 신앙

흔히 사람들은 예수 믿으면 병 낫고 부자 되고 십일조 얼마하고 자식들 좋은 대학 가고… 기타 등등의 간증거리에 관심을 둡니다. "내가 예수 믿었더니 사업도 확장되고 80평의 집도 갖게 해 주셨습니다." "하나님은 살아계십니다. 그러니 예수 믿으세요. 예수 믿기만 하면 모든 일이 형통합니다." 등의 말을 하기도 합니다.

실제로 그런 이야기를 들으면 귀가 솔깃해지고 그분들의 믿음이 커 보이고 '믿음생활을 잘 하면 저렇게 되는구나.' 하는 생각을 하기도 합니다. 어쩌면 우리는 끝없이 드러나는 어떤 현상을 추구하고 하나님께 요구하고 있는지도 모르겠습니다. 그렇게 해야 신실한 믿음이라고 믿고 있기 때문이겠지요. 그렇기 때문에 아무것도 하지 않고 있으면 왠지 믿음이 없는 것처럼 느껴지고 무능해 보이고 하나님께서 저 사람만 특별히 사랑하시는 것 같아 보입니다.

그러나 반드시 알아야 합니다. 우리 스스로 자격지심에서 그런 생각이 들 뿐, 하나님께는 누구도 특별하지 않습니다. 은사와 달란트가 다를 뿐입니다. 은사와 달란트 역시 우리 보기에만 더 커 보이기도 하고 더 작아 보이기도 할 뿐 하나님께는 같은 것입니다. 그러므로 우리는 남을 부러워할 이유도, 나를 무능하다고 비하할 이유도 없습니다. 주어진 것으로 충분합니다. 하나님께서 이미 우리에게 꼭 맞는 것을 주셨으니까요. 우리는 이 땅에서 그것을 잘 누리며 천국의 삶을 살면 되는 것입니다. 언제까지나 어린아이처럼 굴어서는 안 될 것입니다. 어린 아이가 똥인지 장인지 분간도 못하고 엄마를 들들 볶듯이 우리가 하나님을 들들 볶고 있는 것은 아닌지 가끔 생각하게 됩니다.

언젠가 누군가에게 들은 이야기입니다. 비행기를 타기 위해서 공항을 갔는데 공항 규칙에 어긋나는 어떤 행동으로 인해서 큰 낭패를 겪게 되었다고 합니다. 그 때 하나님께 살려달라고 간절히 구했더니 하나님께서 전혀 예상 밖의 기적을 일으키셔서 구해 주셨다며 놀라우신 하나님의 살아 역사하심을 체험했다고 자랑했던 내용입니다.

그 이야기를 듣는데 가슴이 답답했습니다. 본인이 알고 했든 모르고 했든 규칙을 어긴 것은 본인의 잘못입니다. 그렇다면 부끄러운 일이고 창피한 일입니다. 결코 자랑할 일이 아닙니다. 회개가 먼저일 것입니다. 그 다음에 그럼에도 불구하고 은혜를 베풀어 주신 크신 사랑에 가슴 깊이 눈물로 감사기도를 드려야함이 맞지 않을까요?

자식이 성인이 되면 부모와 자식은 각자 독립하여 하나의 인격체로서 사회 구성원으로서 법과 질서를 지키며 스스로 삶을 개척해나가야 한다고 생각합니다. 서른이 되고 마흔이 된 자식이 끝없이 징징 대면 자식이 아니라 애물단지가 되고 맙니다. 반대로 믿음직스런 자식을 둔 부모에게는 그 자식이 자랑거리일 것입니다.

오래 전부터 알고 지내온 존경하는 목사님이 한 분 계십니다. 그분이 하신 말씀이 늘 마음에 있습니다. "~ 다워야한다"라는 말씀입니다. 그리스도인이면 그리스도인다워야 한다는 말씀, 성숙한 신앙인은 나이를 불문하고 언행과 생각이 달라야 한다는 말씀, 비록 나이가 20세고 30세여도 언행과 생각은 80세 같아야 한다는 말씀, 그만큼 언행과 생각은 너그러운 마음이어야 하고 그런 마음으로 세상을 볼 수 있어야 정말 성숙한 신앙인이라고 할 수 있으며 그렇게 되어야 하나님으로 인해 기쁘고 행복하게 살 수 있다고 하신 말씀이었습니다. 어쩌면 우리는 정말로 우리가 구하여야 할 것이 무엇인지도 모르고 어린 아이처럼 살아가는 것은 아닐까요?

이건 초코 아이스크림이야!

앞에서 글을 썼듯이 지금까지 살아오면서 물질을 구한 기도는 그 옛날에 딱 한 번 구한 것이 전부이고 단 한 번도 먹을 것, 입을 것을 구한 적이 없습니다. 그러나 하나님은 지금까지 단 한 번도 굶기시지도 않으셨을 뿐만 아니라 늘 넉넉하게 이웃과 나누게 하시는 분입니다. 언젠가 김대중, 노무현 대통령이 국민들을 거지근성을 갖게 해 놓고 있다며 대통령 욕을 하는 것을 들은 기억이 납니다. 김대중, 노무현 대통령이 국민들을 거지근성을 갖게 했다면 우리 크리스천이라고 하는 사람들은 하나님을 천박한 하나님으로 만들고 있지 않나 하는 생각을 했습니다. 끝없이 달라고만 하고, 안 주시면 실망하면서 벌 주셨다고 하고, 주시면 좋으신 하나님이시고 사랑의 하나님께서라고 하니 말입니다.

20대 때인 것 같습니다. 어느 기도 모임에 참석하기 위해 교회를 가는데 갑자기 하나님께서 불쌍한 분으로 생각되었습니다. 아이 어른 할 것 없이 눈만 뜨면 달라고만 하는 자녀들의 기도를 들으시는 그 하나님의 마음이 어떠하실 지를 생각하게 되어 그날 이후로 얼마동안 마음이 힘들어서 고생을 한 적이 있습니다. "너희는 나에게 달라고만 하느냐?"라는 음성과 예수님의 슬퍼하시는 모습이 자꾸 보였기 때문에 기도도 할 수가 없었습니다. 너무 힘들어서 "하나님, 제가 달라고 했습니까? 왜 저한테 자꾸 그러세요?" 하고 대들었습니다.

그렇게 대들기는 했지만 그때 하나님은 제게 하나님을 향한 마음, 남다른 마음가짐을 이미 주셨던 것 같습니다. 너무 힘들어 하면서도 하나님의 마음을 알기를 구했고 거기서부터 자연스럽게 먼저 하나님께서 원하시는 기도가 무엇인지 생각하게 하셨습니다. 지금까지 늘 기도하면 먼저 하나님께 질문을 하고 기다리는 데 초점을 둡니다. 그렇게 하여 기도의 방향성이 달라지게 되었습니다.

　하나님을 정말 나의 아버지로, 예수님을 정말 친구로, 신랑으로 받아들였고 그렇게 살기를 원하고 결심했다면 우리는 하루하루를 그리스도인답게 살아가야 합니다. 성숙한 자녀는 부모님이 무엇을 원하는가를 먼저 생각하는 자녀입니다. 성숙한 부부는 내 아내가, 내 남편이 무엇을 원하는지 어떻게 하는 것이 내 남편을, 내 아내를 위하는 것인지를 먼저 생각합니다.

　어제보다 오늘 좀 더 그리스도인답기를 소망합니다. 좀 더 너그럽고 넉넉하게 인간의 마음으로가 아닌, 참 하나님의 사람으로 살기 원합니다. 보이는 어떤 현상보다는 내가 정말 간구하고 추구해야 할 가치가 무엇인지 알기를 원하고 또 그렇게 됨으로 인해 즐겁고 행복하기를 소망합니다.

17. 하나님의 일, 나의 일

"처마 밑 화단의 꽃을 키우시는 분은 하나님이시지만 꽃이 잘 자랄 수 있도록 관리하는 일은 나의 일입니다. … 하나님은 하나님의 일을 하고 나는 나의 일을 합니다."

십대 때 어느 소모임 순서지 뒷면에 쓰여 있던 글귀입니다. 거의 30년이 지난 지금까지 기억하는 것을 보면 당시 마음에 와 닿았나 봅니다.

인생을 살면서 참 많은 근심 걱정거리를 안고 살아갑니다. "사람이 땅에 살아있는 한 근심 걱정거리를 떨쳐버릴 수 없다."라는 말을 예전에 들은 것 같습니다. 곰곰이 생각해보니 그 말이 정말 맞는 것 같습니다. 우리는 끊임없이 근심과 걱정을 하며 살아가고 있으니까요. 물론 근심과 걱정이 꼭 나쁜 것은 아닙니다. 적당한 스트레스는 오히려 '뇌' 건강에 좋은 영향을 끼치기도 하니까요.

그러나 꼭 알아야 할 것이 있습니다. 너무 지나친 걱정은 오히려 어리석음을 뜻합니다. 마치 짚신 장수와 우산 장수 아들을 둔 어머니 같은 현상이지요. "너희 중에 누가 염려함으로 그 키를 한 자라도 더할 수 있겠느냐"고 하신 예수님의 말씀처럼 우리가 염려한다고 해서 그 염려를 해결할 수 있는 어떤 능력도 우리에게는 없습니다. 그럼에도 불구하고 어리석게도 우리는 끊임없이 근심과 걱정거리를 안고 살아갑니다.

자꾸만 우리의 영역을 벗어나려고 하는 우리의 모습을 발견합니다. 화단의 꽃나무가 자라게 하려면 영양분인 거름을 줘야 하고 지저분하지 않게 잡초와 가지를 잘 정돈해 줘야 할 것입니다. 그다음에 꼭 필요한 것은 적당한 수분과 온도변화입니다. 여기에서 거름을 주고 잡초를 제거해 주는 일은 우리가 할 일이지만 비를 내리게 하고 해를 비추어서 꽃을 자라게 하시는 분은 하나님께서십니다. 우리가 할 일은 거름을 골고루 뿌려주고 잡초가 우거지지 않도록 제거하는 일까지입니다.

그렇습니다. 거기까지가 우리가 할 수 있는 최선의 일이고 최고의 일입니다. 꽃나무들이 자라고, 예쁜 꽃들을 피게 하는 분은 하나님께서십니다. 하나님께 맡기는 것이 가장 편하고 좋은 방법일 것입니다. 우리는 우리의 영역 안에서 우리의 할 일만 다할 뿐입니다. 꽃이 피고 피지 않고는 하나님의 주권 아래 있습니다. 그러므로 '꽃나무가 자라지 않으면 어쩌지, 꽃들이 예쁘게 피지 않

그래도 난 열심히 물을 줬어.

으면 어쩌지?'하고 염려하거나 노심초사 할 이유가 우리에게는 없습니다. 그 영역은 하나님의 영역입니다. 그 이상 더 앞으로 나가는 것은 하나님의 영역을 침범하는 것입니다. 쥐뿔도 없는(?) 우리가 감히 하나님의 영역까지 침범하여 마치 무엇이라도 할 수 있을 것처럼 교만하게 하나님께서 하실 일까지 모두 해내려고 근심 걱정하며 노심초사 하는 것이 아닐까요. 화단을 아무리 정성 들여 관리 했어도 꽃들이 피지 않을 수 있음을 배웠습니다. 그것 때문에 실망하거나 속상할 것도 없음을 알았습니다. 그 일은 우리 마음대로 할 수 있는 일이 아니기 때문입니다.

다만 우리가 할 일은 속상해 하거나 실망함이 아니라 비록 꽃이 피지 않았어도 내가 할 수 있는 최선을 기울인 것에 대하여 스스로를 칭찬해 주고 그 이상 마음을 쓰지 말아야 할 것입니다. 분명히 하나님께서 다른 것으로 기쁨을 주실 것이기 때문입니다. 그 기쁨이 무엇이든 반드시 하나님께서 당신의 자녀들에게 기쁨을 주실 것을 믿어야 합니다. 그것이 믿음이고 신앙이라고 생각합니다.

마찬가지로 나를 먹이시고 살리시는 일은 하나님의 일입니다. 내 일이 아닙니다. 나의 일은 어떠한 일이 있어도 하나님께서 나를 먹이시고 살리신다는 것을 믿고 오늘의 주어진 삶을 내가 할 수 있는 영역 안에서 최선을 다하여 살아가는 것입니다. 나머지 해결해야 할 모든 문제, 근심 걱정 등은 하나님께 맡기는 것이 믿음이고 신앙입니다.

가끔 앞날을 걱정하는 사람들을 만나곤 하는데 그들에게 늘 같은 질문을 합니다. "당신이 보기에 제 삶이 어떻게 보여요?"라고요, 이 질문에 늘 같은 대답을 듣습니다. 어느 누구보다 풍성하고 여유로운 모습으로 주위 사람들과 함께 나누며 사는 모습이라고 합니다. 그 대답을 듣고 "정말 그렇게 보이나요?"라고 다시 확인을 하고나서 "그럼 도저히 믿지 못하겠거든 이런 저를 거울삼아서 하나님을 믿으세요!"라고 말합니다. 오로지 하나님의 공급하심으로만 살아가고 그 공급하심으로 나 자신 뿐 아니라 내 주위 사람들까지 풍성하게 하시는 그 은혜를 볼 줄 알고 누릴 줄 아는 것이 믿음이고 신앙입니다.

하나님의 공급하심으로 은혜를 누리는 믿음의 삶을 산다고 하여 어려움이 없거나 힘들지 않은 것은 아닙니다. 24시간이 한 달처럼 느껴지고, 한 달이 일 년처럼 느껴질 정도로 힘들고 고통스러울 때도 많고 세월이 빨리 확 가버려서 빨리 천국에 가고 싶을 때도 많습니다. 그렇다고 할지라도 오늘이라는 삶을 허락하셨기에 고통, 힘듦, 걱정 근심… 이 모든 것들은 하나하나 상자에 넣어 뚜껑을 닫아서 멀리 던져 놓고 하나님께서 허락하신 오늘이라는 삶을 내가 할 수 있는 최선을 다해 살아갈 뿐입니다. 이것만이 내가 할 수 있는 일입니다.

열흘 째 고열에 시달리고 있습니다. 낮 시간에 조금 괜찮은가 싶다가도 저녁이 되면 고열과 함께 정확히 어디가 아프다고 할 수 없는 아픔을 열흘 째 겪고 있습니다. 병원 가는 것을 정말 싫어하지만 병원을 다녀왔고 약을 처방해 주면서 거르지 말고 이 약은 꼭 먹으라는 의사의 말을 명심하여 약을 먹고 있습니다. 의사의 처방에 따라 약을 먹고 몸을 관리하는 일은 나의 일이기 때문입니다. 나는 나의 일을 하고 있습니다.

나머지 여러 가지 결과에 대해서는 생각하지 않습니다. 그 일은 내 일이 아니라 하나님의 일이기 때문입니다. 가끔 지나치다 싶을 정도로 쿨하다는 말을 들을 때가 있습니다. 그런 모습에서 근심 걱정도 없고 속상한 일로 상처도 받지 않을 것처럼 생각하는 분들도 있습니다. 그러나 상처 받지 않아서가 아니라, 근심 걱정이 없어서가 아니라 그 마음까지도 모두 주님께 아뢰고 "그리 아니하실지라도"의 마음으로 살기를 소망하며 인내로 오늘의 삶을 살아갑니다. 오늘 하루를 허락하셨으니 오늘 내게 허락하신 삶만 살아갑니다.

굳이 내게 허락되지 않은 일까지 염려할 이유가 내게는 없습니다. 그것은 내 일이 아닙니다. 하나님의 일입니다. 굳이 나머지 많은 날들과 많은 일들에 힘을 빼지 않아도 충분히 벅차고 힘든 오늘의 삶입니다. 그저 내가 할 수 있는 것만 충실히 해 나가며 하나님께 무릎 꿇는 삶만이 내가 은혜 안에서 즐겁고 행복하게 살아갈 수 있는 길이라 여겨집니다.

그러하기에 오늘도 기도합니다. "교만하게 하나님의 영역까지 넘보지 않고 내게 허락하신 오늘의 삶만 즐겁고 행복하게 성심껏 살아가게 해 주세요."

18. 신앙생활의 사춘기

"항상 기뻐하라. 쉬지 말고 기도하라. 범사에 감사하라. 이것이 그리스도 예수 안에서 너희를 향하신 하나님의 뜻이니라." (데살로니가전서 5장 16~18절)

모두가 그랬을까요? 아니면 혼자만 그랬을까요? 뭐가 뭔지도 모를 때는 성경을 아무 생각 없이 그냥 읽었고 그 다음에는 성경을 읽으면 반항심이 생겼고 또 그 다음 부터는 성경에 의문이 생기면 기다리며 하나님의 뜻을 알기를 구하는 사람으로 바뀌어 갔습니다. 지금 생각하면 그것은 어쩌면 어린아이가 자라듯 신앙이 자라는 하나의 과정이 아니었나 싶습니다.

사춘기가 되면 부모님께 반항하고 말썽을 부리듯 신앙생활을 하면서 반항의 시간을 꽤 오래 꽤 많이 겪으면서 참 힘들었습니다. 성경을 읽은 것마다 의문이었고 왜 그렇게도 "하라" "하지마라"는 것은 많은지, 예수님을 믿는 것 자체가 너무 버겁고 힘에 겨웠던 적이 있었습니다. 정말 할 수만 있으면 믿음 밖으로 뛰쳐나가고 싶은 마음이었습니다. 그러나 뛰어봤자 부처님 손바닥이라고 내가 그 어떤 짓을 해도 여전히 하나님은 나를 붙들고 계신다는 사실을 몸으로 마음으로 아는지라 뛰쳐나가는 것도 불가능했습니다. 리더의 자리, 선교단체 간사의 자리, 상담사의 자리, 기타 등등 당시 연결되는 것마다 사람을 상대해야하는 일들이라서 힘들었던 것도 같습니다.

그리스도인으로서 본이 되어야 한다는 것, 그리고 장애인이기 때문에 작은 흐트러짐과 실수 하나도 용납이 안 된다는 강박관념이 있었습니다. 어제 입은 옷을 오늘 또 입고 나간 적 없을 정도로 철저했습니다. 그런 강박관념으로 인해 남에게 보여지는 이미지는 '바른생활' 인간이었으나 내면은 늘 힘들고 너무 버거웠습니다.

너무 힘겹고 버거워서 신앙 밖으로 뛰쳐나가고 싶었으나 그럴 수 없었던 한 가지 이유는 '내가 어디 가서 무슨 짓을 해도 하나님께서 나를 보고 계신다'는 생각 때문입니다. 다른 한 가지 이유는 내가 믿음 밖으로 뛰쳐나가면 나를 사랑하는 사람들이 많이 슬퍼할 것을 알기에 그럴 수 없었습니다. 그래서 지금도 가끔 말하곤 합니다. "지금의 내가 있는 것은 나를 사랑하는 많은 사람들이 내 곁에 있었기 때문입니다."고 말입니다.

본이 되는 그리스도인의 삶…. 반드시 그렇게 살아야 한다고 생각합니다. 힘겹고 버거움으로가 아니라 즐거운 마음으로, 굳이 의식하지 않아도 자연스럽게 되어야 그리스도인으로서 행복하다는 것을 지난한 과정을 모두 겪고 나서야 알게 되었습니다. 힘겹고 버겁다는 생각으로 성경을 봤기 때문에 의문만 생겼고 반항심까지 생겼던 것 같습니다.

예를 들어 '항상 기뻐하라.' 이게 말이 돼? 실성한 사람도 아니고 사람이 어떻게 항상 기뻐할 수 있단 말이지? 기뻐할 일 보다 울 일이 훨씬 많고만…. 쉬지 말고 기도하고 범사에 감사하라? 억지를 써도 지나치게 억지를 쓰네….'라고 생각했습니다. 화나고 속상한 일이 삶의 대부분인데 어떻게, 그것도 늘 항상 자나 깨나 기도하고 감사하라는 것인지 이해가 안 될 뿐더러 억지라는 생각이 들어 "하나님 억지 쓰지 마세요." 라고 했습니다.

이 말씀뿐만 아니라 다른 말씀들도 별반 다르지 않았습니다. 그래서 하나님께 "저는 이거 못해요. 아버지께서 더 잘 아시면서 왜 자꾸 하라고 그러세요?"하며 대들었습니다. 매사에 그런 식이었습니다.

의식을 가지고 그리스도인답게 살아야 한다는 사실이 싫었습니다. 그냥 흘러가는 대로 때로는 망가지기도 하면서 그렇게 살고 싶었습니다. 정말 말 그대로 신앙생활의 사춘기였습니다. 육신의 사춘기는 사춘기가 뭔지도 모르고 지났는데 영혼의 사춘기는 아무도 모르게 겪었을지언정 혼자 너무 고독하게, 아주 혹독하게 겪었습니다.

그러나 그 시기가 다 지나고 나니 "범사에 감사하라"는 이 말씀을 가장 좋아하게 되었습니다. 실제로도 모든 것이 감사하니까요. 그리고 언젠가부터 "범사에 감사하라"는 말씀을 "범사에 겸손하라"는 뜻으로도 받아들이기 시작했습니다. 말씀을 함부로 해석한다고도 하시겠지만 "겸손"과 "감사"를 따로 생각할 수 있을까 하는 생각이 듭니다. 범사에 겸손한 사람이 범사에 감사할 수 있다고 생각합니다. 범사에 겸손한 사람은 굳이 노력하지 않고 의식하지 않아도 감사가 몸에 배어 있는 사람, 그렇게 감사가 몸에 배어있으면 감사와 함께 매사를 기쁨으로 대할 수 있을 것입니다.

더불어 기도로써 하나님과 늘 대화하는 사람, 즉 하나님과 진심으로 친밀한 관계를 맺어서 기쁘고 행복하게 사는 삶이 될 수 있지 않을까 생각하게 되었습니다. "항상 기뻐하고 범사에 감사하며 쉬지 말고 기도하라"는 이 말씀을 하나님께서 우리에게 "사랑하는 자녀들아, 나는 너희들과 아주 친하게 지내고 싶단다."라는 뜻으로 받아 들였습니다.

가끔 "성희씨는 정말 하나님과 친밀한 관계를 맺고 있는 것으로 보여."라는 말을 듣습니다. 어쩌다 한번은 처음 만나는 분인데

이게 말이 돼?
너와 친하게 지내고 싶다는 말이야...

"교회 나가시죠?" 라고 말하며 제 이미지가 그렇게 느껴진다고 합니다. 내가 어떻게 하지 않아도 은연중에 그렇게 보이나 봅니다. 신앙인에게 그 보다 더 좋은 말이 있을까 싶은 생각이 들어 참으로 아무 짝에도 쓸모 없는 인간을 그리스도로 옷 입혀 주신 그 크신 은혜에 감사가 절로 나옵니다. 이제는 굳이 애쓰고 노력하지 않아도 자연스럽게 제 삶에 감사와 기쁨이 있습니다. 감사와 기쁨이 있기에 굳이 의식하지 않아도 은연중에도 하나님과 대화를 합니다.

그리고 하나님께서 선물로 보너스 하나를 더 주셨습니다. 그것은 '측은지심'입니다. 다른 사람의 불행을 불쌍히 여기는 마음을 주셔서 진심으로 사람을 대하고 함께 아파하며 공감할 수 있게 되었습니다. 그래서 더 간절하게 기도하게 되었습니다. 때문에 가끔은 지금처럼만 살다가 천국으로 데려가시라고 기도하기도 합니다.

이 땅에 사는 동안 억지로 애쓰고 노력하지 않아도 자연스럽게 흘러가는 삶으로 하나님과 친밀한 관계를 맺어 즐겁고 행복하게 살기를 소망합니다.

19. 친구라는 의미

한동안 이곳저곳에서 초청을 받아 마이크를 잡았던 때가 있었습니다. 초청을 받은 자리에 따라서 진행도 다르게 했는데 혼자 하는 진행보다는 함께하는 진행이 더 하고 싶어서 특별히 규정에 어긋나지 않는 한 공동 진행을 요청하곤 했습니다.

그 이유는 우선 혼자 진행을 하려면 그럴듯한 준비를 해야 하는데 그만큼의 능력이 없기 때문입니다. 전문가도 그 무엇도 아니고 잘난 것 하나 없으면서 주제파악 못하고 잘난 척 하는 인간이 되어 버릴 것 같아 두려웠습니다. 또한 사람들과 소통하고 싶은 마음이 간절했습니다. 비록 한 두 시간 만나는 짧은 만남이지만 그 시간만큼은 충분히 소통하는 시간을 갖는 것이 결국 그들을 위한 시간이 되고 나를 위한 시간이 될 것이라고 생각했기 때문입니다.

그렇게 하다 보면 어디서 무슨 질문을 받을지, 어떤 말이 나올지 전혀 예측불허이기는 합니다만 어떠한 격식도, 틀도 없이 자유자재로 진행하다보면 어느 샌가 서로의 얼굴이 밝아지는 것을 볼 수 있습니다. 각본 없는 시나리오가 펼쳐지고 전혀 예측불허의 말과 질문들이 오고 가는 사이 서로 공감대가 생기기 시작하고 그 공감대가 차츰 깊어지면서 어느덧 친구가 되어감을 느낄 수 있었습니다. 그렇게 하다보면 한 시간짜리가 어김없이 세 시간짜리가 되곤 했습니다. 그 시간이 끝나면 개인적으로 다가와 조심스럽게 전화번호를 알려달라고 하는 학생들이 있기도 하고 이렇게 저렇게 서로 연결이 되어 우리 집에도 놀러 오는 등 일정 기간 동안은 만남을 지속했던 경험이 있습니다.

세 시간의 만남, 짧다면 정말 짧은 만남이지만 그 짧은 만남으로 인해 인생관이 바뀌고 삶의 방식이 바뀌고 탄산음료와 같은 짜릿한 맛을 봤다고 하는 그들의 말을 들으며 누군가 진정으로 내 편이 되어 마음을 나누고 소통하는 것이야말로 우리네 인생살이에서 꼭 필요한 소중한 행복임을 느낄 수 있었습니다. 그러나 내 편이 되어서 마음을 나눌 수 있는 친구 같은 인생 선배를 만나기는 참으로 어려운 일인 것 같습니다. 그것이 문제입니다. 친구같은 인생의 선배가 흔치 않다는 것 말입니다.

자립에 대해 고민하고 앞날을 고민하는 일들은 장애인에게만 있는 줄 알았습니다. 그런데 그것은 제 좁은 소견이 낳은 큰 오산이었습니다. 모든 사람은, 특히 학생들과 청년들은 불투명한 미래 때문에 불안하고 초조해 합니다. 어떻게 보면 인생에서 가장 고민이 많을 때가 20~30대인 것 같습니다. 그런 젊은이들과 소통을 하고 친구가 되어 집으로 와서 놀고 먹고 자기도 하면서 쉼을 얻고 가는 그들을 보며 하나님께서 나를 참 다양하게도 쓰신다는 생각을 했습니다.

20대 때부터 "오늘 하루만 살게 하소서"라고 했던 기도를 이렇게도 사용하시는구나 하는 생각이 들었습니다. 그래서 더더욱 거침없이 말과 행동을 자유롭게 했고 상대가 교도소를 갔다 온 재소자이든 그 누구든 우리 집 현관문은 24시간 열려 있었습니다.

오늘 하루만 사는 삶이기에 지금 이 순간에 모든 에너지를 쏟을 수 있고 그들에게도 온 마음으로 다가갈 수 있었던 것 같습니다. 어떻게 보면 참 단순하고 행복한 삶을 살았습니다. 그러나 내가 그런 삶을 산다고 하여 그들에게도 오늘만 사는 삶을 살라고 할 수는 없었습니다. 그들에게는 함께 고민을 나누며 공유하는 친구, 함께 아파하고 그들의 짐을 함께 져주는 친구가 필요함을 느꼈습니다. 그래서 그 짧은 시간이나마 그들의 고민 속으로 들어갑니다. 들어가서 마음으로 함께 하고, 함께 뒹굴어도 보고, 즐거워도 하고, 함께 울어도 봅니다. 그렇게 하는 것만으로도 그들에게는 새로운 힘이 생기고 삶을 향해 한 발짝 더 내디딜 용기를 냅니다. 친구가 되어야 인생의 선배가 되는 것인가 봅니다.

우리도 친구!

요즘에는 그러지 않지만 몇 년 전까지도 어떤 특정한 만남의 자리를 하면 그 시간만큼은 그들의 삶으로 들어갑니다. '나'라는 존재 자체를 잠시 던져버립니다. 그래야 그들과 하나가 될 수 있습니다. 물론 힘들고 어려운 일입니다. 그래서 성령님의 도움이 절실히 필요합니다. 그들의 삶을 볼 수 있고 느낄 수 있어야 그들의 삶으로 들어 갈 수 있기 때문입니다. 여기에는 상당한 에너지가 필요합니다. 그 프로그램을 진행하는 동안은 늘 에너지가 넘칩니다. 그러나 끝나고 나면 항상 2~3일은 앓아 눕곤 했습니다.

왜 무엇 때문에 그렇게까지 했는지 모르겠습니다. 굳이 이유를 든다면 상대가 누구든 얽히고설킨 삶의 문제의 실타래를 푸는 데에 하나의 도구로 쓰이고 싶었습니다. 나를 써먹으라고, 나를 써먹게 하고 싶어서 그렇게 했습니다. 그 결과, 정말 많은 인생들의 얽히고설킨 실타래를 푸는 작은 도구가 될 수 있었습니다. 또한, 실질적으로 내 삶에서 경험하지 않은 일들조차도 누구를 만나든 어떤 주제가 됐든 충분히 마음으로 함께 공감하고 나눌 수 있는 여유와 안목이 생겨났습니다. 그 덕분에 누구와도 친구가 될 수 있어서 정말 감사합니다.

결혼생활 한 번 하지 않았고 아이 한 번 키워보지 않았으나 아이엄마들에게서 아이 너댓 명은 키운 사람처럼 어떻게 그렇게 아이 상태를 잘 아냐며 놀라는 말을 들었고 결혼생활 한 번 하지 않은 사람이 한 30년은 살아본 사람처럼 어떻게 그렇게 사람의 마음을 잘 파악할 수 있느냐며 많이 놀라워하기도 합니다. 나보다 열 살 스무 살 많은 분들, 아니 그보다 더 높으신 분들을 만나도 인생을 팔십 평생은 살아 본 사람처럼 어떻게 그렇게 속이 넓으냐고들 하십니다. 어떻게 가능할까요?

비결은 간단합니다. 내 기준을 버리고 상대의 기준이 되어서 대화를 하면 충분히 가능합니다. 굳이 내가 무엇을 어떻게 하지 않아도 대화 속에서 문제의 해결책도 상대가 스스로 찾을 수 있습니다. 친구만 되어 주면 되는데 어려울 일이 없겠지요.

내가 생각하는 친구라는 의미는 남녀노소, 나이를 불문하고 한 살배기 꼬마 아가에서부터 80~90대의 노년에 이르는 분들까지 서로 공감할 수 있고 소통할 수 있으면 그것이 바로 친구라고 생각합니다. 단, 소통에는 기술이 필요합니다. 누구를 만나든 배려는 기본이거니와 거리를 두지 않는 것, 상대의 입장에서 상대의 마음을 읽어주는 것 등 몇 가지 소통의 기술만 있으면 모든 대화가 막히지 않고 풀어질 것입니다.

어렵다면 한없이 어렵겠지만, 아주 조금씩 나와 가장 가까이 있는 소중한 내 아이, 내 부모, 내 아내, 내 남편의 마음을 읽어보는 연습을 해 보면 어떨까요? 매일 매일 조금씩 조금씩….

20. 사람은 결코 ~대상이 아니다

우리는 일생동안 끊임없는 사람을 만나고 끊임없이 관계를 맺으며 삶을 이루어 갑니다. 우리는 그 속에서 끊임없이 아파하고 슬퍼하며, 때로 기쁨과 행복을 느끼며 살아갑니다. 사람으로 인해 기뻐하고 사람으로 인해 상처받으며 살아가는 것이 우리네 인생살이입니다.

하나님께서 조금 특별한 달란트와 은사를 주신 덕분에 아주 일찍부터 마음이 힘든 사람들을 만나기 시작했습니다. 정말 다양하게 많은 이들의 상담자 역할을 해 왔으며 지금까지도 이어지고 있습니다. 의도치 않게 서로가 서로에게 마음의 상처를 주고 받는 일들이 참으로 많더군요. 우리나라 이혼율이 높다고 하지요? 어쩌면 영 틀린 말이 아닐 수도 있겠다 싶을 만큼 부부갈등이 많이 있음을 종종 듣습니다.

26살 때 처음 상담 요청을 받았는데 첫 상담요청을 하신 분이 어느 목회자 부부였습니다. 목사님은 목사님대로, 사모님은 사모님대로 서로에게 거는 기대치가 너무 달라 마음의 갈등이 심해서 하루가 멀다 하고 크게 다투시는 분들이었습니다. 거의 매일 눈물을 흘리시는 사모님과 뜻대로 잘 되지 않아 힘들어 하는 목사님을 보며 너무 마음이 아파 하나님께 떼쓰다시피 두 분을 위해 기도했습니다. 제가 말 하려는 핵심은 목회자부부의 싸움이 아니라 어느 누구를 막론하고 노인이든, 젊은이든 마음의 갈등을 겪으며 살아가고 있다는 것과 그 속에서 우리는 조금씩 삶을 이루어가고 있다는 것입니다.

흔히 사람들은 "내가 잘 할게."라고 말 합니다. 저는 그들에게 말합니다. "상대에게 잘 하려 하지 말고 상대가 싫어하는 것을 하지 않는 것이 훨씬 더 훌륭하다"고 말입니다. 만약 정말 어쩔 수 없이 하게 된다면 "이런 이유로 이렇게 해야 될 것 같은데 미안해."하고 미리 사과부터 하는 게 좋습니다. 그리고 의식을 가지고 최대한 그 이유를 빨리 끝내서 상대에게 내가 노력하는 모습을 보여주면 내가 상대를 얼마나 사랑하는지 진심이 전달되어서 그 역시 나의 노력에 고마움을 느낄 것입니다.

그리고 상대방 역시 "당신이 어떻게 나한테 이럴 수 있어?"라는 생각은 버려야 것입니다. 나를 포함하여 모든 사람은 불완전한 존재입니다. 불완전한 존재이기 때문에 이럴 수도 있고 저럴 수도 있는 나약한 존재들입니다. 그렇기 때문에 사람은 어떠한 경우에도 사랑의 상대일 뿐, 의지의 상대도, 기대의 상대도 될 수 없습니다. 어디까지나 아끼고 사랑해야 할 상대일 뿐입니다. 그렇기 때문에 어쩌면 나를 화나게 하는 말을 하고 나를 배려하지 않는 것 같은 행동을 하는 것은 나약함과 불완전함 속에서 나오는 인간 본연의 모습이라고 할 수 있습니다.

그러므로 "당신이 어떻게 나한테 이럴 수 있어!"라고 말하기 전에 내가 나를 다독여 주고 내가 먼저 나를 사랑하는 연습을 해 보면 어떨까 싶습니다. 그렇다 해서 사치를 부리라는 뜻도, 왕자병, 공주병인 사람들처럼 하라는 뜻도 아닙니다. 거울을 보며 상처받은 나의 내면을 향해 'OO야, 많이 힘들지? 힘든 시간을 잘 견디고 있는 네가 정말 대견하고 자랑스러워. 오늘 하루 정말 수고했어. OO야, 고맙고 사랑해!' 이런 식으로 자기내면을 어루만져 주라는 뜻입니다.

우리나라 사람들은 문화의 특성상 자기 감정표현을 인식하고 표현하는데 많이 서툰 경향이 있습니다. 체계적으로 감정표현과 인식에 대해 훈련된 문화가 아니기 때문이겠지요. '자기감정표현 인식'이 서툴다 보니 언제 어느 때 어떻게 표현하는 것이 좋은지도 모르고 본인조차도 본인의 감정을 읽지 못할 때가 있습니다. 왜 무엇 때문에 본인이 지금 이렇게 힘들고 괴로운지 감정인식을 할 수가 없는 상황이지요.

SELF 토닥토닥

가끔 자기감정인식이 너무 느리다고 자책하는 사람들을 만나곤 하는데 그들에게 "그것은 훈련되지 않았기 때문에 서툰 것일 뿐이지 결코 자책할 것 없다."고 말해주곤 합니다. 조금 느린 것은 잘못된 것이라고 할 수 없습니다. 상담을 통해서든 경험을 통해서든 훈련하고 연습하다 보면 내면의 소리를 들을 수 있습니다. 그렇게 나의 내면의 소리에 귀를 기울이게 되고 내가 나의 감정을 읽고 내가 나를 토닥이다 보면 본인의 '감정표현인식'도 자연스럽게 좋아질 것이라 생각합니다. 그러므로 자책하고 원망하기 이전에 '나'부터 돌아보고 토닥토닥해 주십시오.

그리고 또 하나, 반드시 꼭 알아야 할 것은 그리스도 안에서 자유함을 누려야 기쁘고 행복해질 수 있다는 것입니다. "그리스도 안에서 자유하라"는 뜻은 상대방이 아내이든, 남편이든, 부모이든, 자식이든, 친구이든, 사람은 누구를 막론하고 나약하고 불완전한 존재이기 때문에 어떠한 경우에도 믿음의 상대도, 의지의 상대도 될 수 없고 오로지 믿고 의지할 상대는 하나님뿐임을 느끼고 알고 다만 성령님의 도우심을 구하라는 뜻입니다. 그래야 내가 하나님 안에서 참 자유인으로 즐겁고 행복해질 수 있습니다.

가족 도움 하나 없이 중증장애의 몸으로 지금까지 살아오면서 정말 많은 분들로부터 큰 사랑을 받으며 살아왔습니다. 지금의 조성희가 있을 수 있는 것은 하나님께서 끊임없이 붙여주시는 많은 사랑의 손길 때문입니다. 그러나 그렇게 많은 사랑의 손길을 통해 큰 사랑을 받았음에도 불구하고 사람에게 기대를 하거나 의지하는 일은 정말 0%입니다. 사람은 오로지 사랑의 대상일 뿐 결코 믿음의 대상도, 의지의 대상도 될 수 없음을 아주 일찍 깨닫고 사람에게 어떤 기대도 하지 않았기 때문입니다.

그렇다 하여 그분들에 대한 고마움과 감사의 마음까지 없는 것은 아닙니다. 고마운 마음, 감사의 마음은 늘 가지고 있습니다. 그러나 거기까지입니다. 가끔 "다음에 밥 한 번 먹자."거나 "선물해 줄게."라거나 하고 꼭 약속을 지키실 것처럼 말씀하시는 분들이 있습니다. 그러면 "우와, 신난다!" 하며 그 당시 그분께는 고마워하고 좋아함을 표현합니다. 그러나 거기까지입니다. 충분히 고맙고 감사한 마음으로 고맙다고 말은 하지만 그 약속은 잊어버립니다. 잊어버리고 있다가 약속이 성립되면 정말 고맙고 감사하고 영영 약속이 성립되지 않아도 전혀 이상할 것 없다는 마음으로 살아갑니다.

그런 마음가짐이 있어야 사람에 대해 기대치도 없고, 사람을 의지하지도 않습니다. 실질적으로 사람이라는 인격 자체가 불완전한 존재이기 때문에 많은 사람들이 약속을 지키는 일 보다 약속을 지키지 못하는 사례가 훨씬 많습니다. 모든 사람은 원래부터 불완전한 존재이기 때문에 이럴 수도 있고 저럴 수도 있다는 것을 밑바탕에 깔아 놓고 사람을 대하면 어지간한 일을 겪어도 크게 마음 다치는 일 없고 훨씬 자유함을 느낄 수 있을 것입니다. 그런 마음이어야 사람에게 어떤 기대도, 의지도 하지 않게 됩니다.

믿거나 말거나이지만 아주 오래 전부터 제아무리 크고 좋은 것을 해 주겠다고 약속을 해도 그 사람에게 단 1%도 기대하지 않습니다. 고마운 마음, 감사의 마음만 가지고 있습니다. 제 아무리 크고 좋은 약속을 하고 나서 지키지 않아도 결코 실망하거나 불평하지 않습니다. 그런 마음이어야 참 자유를 누리며 살 수 있습니다.

그리스도 안에서 참 자유를 누린다는 것, 그것은 어쩌면 사람에게서 자유로워지는 것이 아닐까요?

21. 하나님을 욕하고 죽으라

"당신이 그래도 자기의 온전함을 굳게 지키느냐 하나님을 욕하고 죽으라.(욥기 2장 9절)"

이 성경 구절은 욥의 아내가 욥이 온 몸에 생긴 종기로 인한 가려움을 이기지 못하여 질그릇 조각으로 몸을 긁으며 괴로워하는 모습을 보고 욥에게 했던 말입니다.

욥기서가 성경의 잠언, 전도서와 같은 '시가서'라는 사실을 모르고 욥이라는 사람이 실제 인물인 줄 알고 읽으면서 '과연 이것이 사실일까? 정말 하나님께서 이 말도 안 되는 광경을 허락하셨나?' 라는 의구심이 생겼던 적이 있었습니다. 훗날 이스라엘 밖의 산문체 고대 전설을 하나의 작품으로 만든 '시가서'라는 사실을 알고서 의구심이 풀렸는데 시간이 지나고 세월이 흐른 지금은 이 내용이 실제이고 아니고를 떠나서 내가 욥의 아내가 될 수도 있음을 발견합니다. 내가 내 자신을 치고 저주하며 "차라리 하나님을 원망하고 죽어라."하고 싶어하고 있다는 말입니다.

요 며칠, 일주일 째 우울모드에 빠져있습니다. 지난 토요일, 그날 하루종일 유난히 우울모드가 심한 날이었습니다. 우울감이 너무 심하여 그대로 집에 계속 있다가는 내가 나를 어떻게 할 것 같은 생각이 들어서 무작정 밖에 나갔는데 갈 데도 없고 "나 우울해."하고 누구한테든 연락해서 엄살 부릴 사람 하나 없다는 사실에 남의 인생은 잘도 들어주고 해결해 주면서 정작 내게는 아무도 없는 현실이 또 한 번의 깊은 외로움에 빠져들게 하는 시간이었습니다.

그렇게 혼자 한참을 헤매다가 집에 들어와서 이른 저녁을 먹고 6시부터 혼자 있게 되었습니다. 긴 시간을 혼자 있으면 기본적으로 혼자 해결해야 할 문제들이 생기기 마련입니다. 밤 10시쯤 어떤 것을 해결해야 했고 불과 한 달 전에는 조금 시간이 걸려도 어쨌거나 혼자 해결을 했었던 일이라 시작했는데 한 시간이 지나도록 애를 써도 손이 말을 듣지 않아서 진땀만 흘릴 뿐 도통 해낼 수가 없었습니다.

비장애인은 1분이면 해결할 일을 나는 그동안 30~40분이 걸려서라도 해결할 수 있었기에 그나마 해 왔었는데 지금, 한 시간이 지나도록 아무리 애를 써도 진땀만 나고 기진맥진 할 뿐 손이 말을 듣지 않습니다. 자괴감이 들었습니다. 그 순간 욥의 아내가 욥에게 "하나님을 원망하고 죽으라"고 한 말이 떠올랐습니다. 정

주님...

말 그 순간에는 그러고 싶었고 그렇게 할 수도 있을 것 같다는 생각이 들었습니다. 어쩌면 정말, 정말 어쩌면 내가 내 목숨을 죽이는 일이 하나님께 큰 죄라는 사실을 조금만 덜 인식 했더라면 자괴감이 너무 큰 나머지 그날 나를 어떻게 했었을 수도 있었을 것입니다.

그러나 그런 와중에도 끝까지 두 시간이 넘게 걸려서 하던 것을 해결하고 밤 한 시 가까이 된 시각, 몸과 마음 모두 만신창이가 되었지만 마음을 추스르고 다음날 주일 설교시간에 읽을 성경 말씀을 평상시대로 미리 찾아보기 위해 교회 밴드에 들어갔는데 "큰 꿈은 없습니다"라는 찬양을 보게 되었습니다.

찬양 곡이나 가사를 보기도 전에 "큰 꿈은 없습니다"라는 제목만 봤을 뿐인데 수만 가지 생각과 함께 눈물이 쏟아져 내렸습니다. '나는 큰 꿈 없는데, 큰 꿈만 아니라 작은 꿈도 나는 없는데, 도대체 나는 왜 이렇게 힘들어야 하고 고통스러워야 하는 건가? 정말 나는 그냥 늘 하던 것, 인간으로 살면서 가장 기본 중의 기본적인 것만이라도 하기를 바랄 뿐인데, 나에게는 이것마저도 허락되지 않는 것인가? 이렇게밖에 살 수 없는 삶이라면 정말정말 그만 살고 싶다….'

"빨리 데려가 달라고 아무리 매달려도 들은 척도 하시지 않으시는 하나님! 도대체 뭘 어쩌란 말인가요? 얼마나 더 망가지고 비참하게 살아야 한단 말인가요? 얼마나 더 내려놓고 얼마나 더 엎드려야 하나요?"

구겨질 대로 구겨진 마음으로 잠 한 숨 못자고 누워 있다가 주일 아침 지치고 힘든 몸을 일으켜서 준비를 하고 교회를 가서 예배를 하고 지금 이렇게 또 한 주를 살아가고 있습니다. 구겨진 마음은 마음대로 담아두고 평상시와 다름없이 웃으며 사람을 만나고는 있으나 거의 피하고 있습니다. 다행히 휴일이 많은 한 주이다 보니 조용하게 지내고 있습니다.

계속 같은 신음소리만 되풀이 합니다.

"주여, 오늘 하루가 힘겹습니다. 아무것도 할 수 없는 이 모습으로 얼마나 더 살아야 합니까?"

"주여, 아무 꿈도 없습니다. 살고 싶은 마음도, 무엇을 하고 싶은 마음도, 아, 정말 아무것도 ….'

22. 이제부터 하나님은 없습니다

　가끔 믿음의 선배님들에게서 한때 하나님을 떠났다가 돌아온 이야기를 들을 때가 있습니다. 그런 이야기를 듣고 있노라면 저절로 스물두 살로 돌아가곤 합니다.

　두 발로 걸어 다니다가 어느 날부터 넘어지기 시작하더니 점점 넘어지는 횟수가 늘어나고 감각도 둔해지면서 무언가에 부딪혀 멍이 시커멓게 들고 어딘가에 긁혀 피가 나도 아픈 것을 느끼지도 못해 눈으로 봐야 알 수 있는 지경에 이르렀습니다. 병원을 찾아갔더니 의사가 "이제 더 이상 걸을 수 없습니다."라고 말했습니다. 그 말을 들었을 때, 그 자리에서 얼어붙었던 저의 상태를 또렷하게 기억합니다.

　척추가 많이 약해지고 너무 많이 휘어서 더 이상 걸을 수도 없을 뿐 아니라 앞으로 통증도 더욱 심해질 것이고 오래 앉아 있기도 힘들어질 것이라는 말을 처음 듣고 나니 정말이지 거짓말 하나 보태지 않고 누가 무슨 말을 해도 들리지도 않고 아무런 생각이

나지 않았습니다. 말 그대로 '멘붕' 상태라고나 할까요. 그냥 멍~
해져 오더군요.

그렇게 멍한 상태로 한참을 있다가 갑자기 억울한 생각이 들
었습니다. '그 동안 나는 열심히 살아 온 것밖에는 없는데 그 대가
가 이것이란 말인가? '악바리'라는 별명이 붙을 정도로 열심히 살
아 온 대가가 겨우 이것밖에 될 수 없다는 말인가? 하나님께서 살
아계시기는 한가? 늘 나와 함께 한다고 했던 말은 거짓말이 아닌
가? 정말 하나님께서 나와 함께 하신다면 어떻게 이렇게 될 수 있
나?'라는 생각이 들면서 아무리 생각해도 억울한 마음만 들었습
니다. 너무 억울해서 가만히 있을 수가 없었습니다. 한밤중에 교
회를 찾아가서는 하나님께 개망나니처럼 따지고 대들었습니다.

"하나님, 당신이라는 분이 정말 나를 사랑하시고 나와 함께 계
시기는 한가요? 당신이라는 분이 만약 정말 나를 사랑하시고 늘
나와 함께 하신다면 내가 그동안 얼마나 열심히 살아왔는데 어떻
게 나한테 이러실 수 있어요? 무슨 말씀 좀 해 보세요!" 아무리 대
들고 따져도 깜깜한 암흑 속에 적막만 흘렀고 억울한 마음은 조
금도 나아지지 않았습니다.

하나님께서 나를 사랑하시고 나와 함께 하신다는 사실을 이제
더 이상은 믿을 수 없을 뿐만 아니라, 그동안 나와 함께 하지도 않
으신 하나님을 누구보다 믿고 의지하며 열심을 다해 살아왔다는

사실이 너무 억울했습니다. 그래서 한참을 개망나니처럼 굴다가 마지막으로 "난 이제부터 당신 믿지 않겠습니다, 나와 함께하지도 않는 분, 이제 더 이상 당신을 찾는 일은 없습니다." 하고 교회를 나왔습니다.

그로부터 7~8개월가량 의도적으로 하나님을 멀리 했다는 말이 옳을 것입니다. (하나님은 계속 나를 찾고 부르셨는데 나는 그것을 일부러 부인했으니까요.) 바로 그 다음날로 모임이든 뭐든 모두 그만 둬 버렸고 예배는 당시 몸담고 있던 곳이 기독교 재단이어서 규율로 정해진 공적 예배는 참석했지만 예배를 드리는 것이 아니라 구경꾼의 하나로 있었을 뿐이었습니다. 그리고 7~8개월가량 아프다는 핑계로 그간 하던 모든 일을 거의 그만 두고 누워만 있었습니다. (지금 생각하면 핑계는 아니었던 것 같습니다. 마음이 힘들고 아프니까 정말 아무것도 할 수가 없었습니다.)

그러던 어느 날 친구가 좀 전과 다른 나의 행동에 대해 말을 했습니다. 그래서 그 친구에게 "다른 사람한테는 하나님께서 계신지 모르겠지만 나한테는 안 계신 것 같아."라고 하면서 "나는 이제 더 이상 하나님 믿지도 않을 거고 찾지도 않을 거야."라고 했습니다. 그랬더니 친구가 "나는 믿어, 네 속에서 역사하시는 그 성령님이 머지않아 너를 다시 은혜의 자리로 옮겨 놓으실 거라는 것…" 이렇게 말하는 것이었습니다. 그 친구에게 "아니, 그런 일은 없을 거야, 나에게 이제 하나님은 없어."라고 말해버렸습니다.

정말 그럴 것이라고 믿었습니다. 내가 다시 하나님을 찾는 일은 결코 없을 것이라고 생각했습니다. 그러나 그것은 매우 큰 오산이었습니다. 내 평생 그 7~8개월간 대중가요를 알려고 열심히 외우고 불렀던 적은 없었고 앞으로도 없을 것입니다. 정말 열심히 외우고 불렀습니다. 이유는 쉴 새 없이 터져 나오는 찬양 때문이었습니다. 밤이고 낮이고 쉴 새 없이 터져 나오는 찬양 때문에 정말 죽을 맛이었습니다. 부르지 않으려고 하면 할수록 더 강하게, 더더욱 주체를 못 할 정도로 쏟아져 나오는 찬양을 감당할 수가 없었습니다. 찬양이 입에서 나오는 것을 막으려고 일부러 가요를 외우고 큰 소리로 불러 보았지만 그러면 그럴수록 찬양만 더 강하게 입 밖으로 밀려 나올 뿐이었습니다.

결국 견디다 견디다 못해 어느 날 한밤중에 다시 교회를 찾아가고 말았습니다. 거기서 하나님께 7~8개월 전처럼 또 따지고 대들었습니다. "도대체 뭘 어쩌란 말입니까? 제발 좀 그냥 내버려두세요. 나와 함께 하시지도, 사랑하지도 않으시면서 왜 무엇 때문에 이렇게 괴롭히시는 겁니까?" 그러고 있는데 갑자기 어디선가 음성이 들려왔습니다. "사랑하는 딸아, 내가 너를 사랑한다."

텅 빈 교회를 꽉 채우는 그 따뜻함은 거부하려야 할 수 없는 사

처음 걷지 못한단 얘기를 들은 날

랑의 음성이었습니다. 그 따뜻한 음성을 듣자 펑펑 울기 시작했습니다. 왜 그렇게 울었는지 모르겠습니다. 그냥 울고 또 울었습니다. 그런데 그 우는 내내 교회를 나올 때 까지, 누군가 나를 따뜻하게 꼬옥 안아주는 느낌과 평안한 느낌이 저를 감쌌는데 어쩌면 그 따뜻함에 더 울었는지도 모르겠습니다.

그렇게 하나님께서 나를 사랑하신다는 것을 음성으로 듣고, 아무리 내가 하나님을 떠나려고 발버둥을 쳐도 소용없음을 알고서 그 후로 오늘까지 은혜 안에서 살고 있습니다. 그 이후 신앙생활의 사춘기를 겪으며 힘들어서 하나님을 떠나고 싶어도 하나님께서 나를 사랑하시는 그 사실이 나를 튕겨 나가지 못하게 하는 원동력이었습니다. 그 때의 그 거부할 수 없는 사랑의 음성, 따뜻하게 안아주시던 그 포근함은 26년이 지난 지금까지도 생생합니다. 이토록 동일하게 생생한 것을 보면 앞으로도 결코 잊을 수 없는 하나님 아버지의 사랑입니다.

23. 갱생원이라는 곳을 아시나요

얼마 전 어느 모임에 참석했는데 우연히 한 분이 '갱생원'이라는 곳을 언급하면서 여러 이야기들이 오고가는 것을 그냥 조용히 듣고 있었습니다. 어느 모임이든 참석은 해도 투명인간일 때가 가끔 있는데 이 '갱생원'이라는 곳을 언급할 때가 바로 그런 때였습니다.

본인들이 생각하기에 조성희라는 사람은 '갱생원'의 '갱' 자도 모를 거라고 여기며, 투명인간으로 만들어버리는 그들을 보며 혼자 속으로 '번데기 앞에서 주름을 참 잘도 잡는구나' 하고 웃으며 듣고 있었습니다. 그곳에 대한 정보가 아무리 풍부한들 풍문으로 들은 것과 직접 그 속에서 그들과 함께 생활을 한 사람과는 판이하게 다를 것입니다.

26년 전의 갱생원과 지금의 갱생원은 많은 차이가 있을 텐데 그 모임에서 들은 대로라면 26년 전과 별반 달라지지 않은 것 같습니다. 물론 갱생원이라는 곳이 모두 다 그렇지는 않을 것이라 생각하지만 26년 전, 제가 겪은 갱생원이라는 곳은 사람이 살 곳이 아니었습니다.

그곳에서 지낸 두어 달 간의 생활을 돌아보면 그 후 화장실도 없이 마구간 같은 방에서 쥐와 함께 생활하고 한겨울 냉방에서 지내며 물이 꽁꽁 얼어 당장 먹을 물도 없는 환경에서 숱한 고생을 했지만 그래도 갱생원에서의 두어 달의 생활 보다는 훨씬 행복했습니다. 만약 인생에서 가장 힘들었던 때가 언제냐고 묻는다면 그때 그 갱생원에서의 생활이었다고 대답할 것입니다.

부모님이 하신 행동들 가운데 아직도 이해되지 않는 일들이 많지만 이것만큼은 정말 골백번을 생각해도 이해가 되지 않는 일입니다. 어떻게 당신들의 딸을 그런 곳에 데려다 놓을 수 있었는지 이 짧은 소견으로는 도무지 이해가 되지 않습니다.

26년 전 거부할 수 없는 하나님의 사랑을 받아들이고 인정한 직후에 벌어진 일입니다. 어느 날 몸담고 있던 곳에 부모님이 오셔서 집에 가자고 하시는 것입니다. 순진하게도 부모님의 말씀을 의심 없이 믿고 함께 차에 탔는데 막상 도착한 곳은 집이 아니라 갱생원이라는 곳이었습니다. 그때까지 그런 곳이 있는지조차도 모르고 살았는데 얼마나 낯설고 무섭고 어색했는지 모릅니다. 완전히 다른 세계가 거기 있었습니다.

사회의 낙오자들만 모여 있는 곳, 정신 이상자에 알코올 중독자에, 말 그대로 인간쓰레기장(?)이라 해도 과언이 아닐 정도였습니다. 툭하면 와서 갑자기 덮치려고 하고 성추행과 성폭행은 예삿일인 것 같았습니다. 그 속에서 어떻게 온전한 정신으로 밥을 먹고 잠을 잘 수가 있었을까요? 하루가 백년처럼 느껴졌습니다. 밥을 먹을 수도, 잠을 잘 수도 없었습니다. 머릿속이 하얀 백짓장이 되어버려서 아무 원망도, 감사도 할 수 없거니와 내가 살아있는 사람인지조차도 인식이 되지 않았습니다.

그러나 그 속에서도 여전히 사랑의 손길들은 살아 있어서 두어 달 만에 다른 지역의 성인 장애인 시설로 보내졌습니다. 그러나 그곳도 별반 다르지 않습니다. 생활환경이 조금 쾌적할 뿐 알코올 중독자에 정신 이상자들이 있어서 갑자기 식칼을 휘두르며 "다 죽여 버린다"고 덤벼드는가 하면, 자기랑 같이 살자고 덮치는 사람도 있었습니다. 그런 곳에서 무슨 생각을 하며 어떻게 무엇을 하며 살아갈 수 있었을까요? 아무 생각도, 아무 희망도 없었습니다. 인생의 낙오자가 된 듯했습니다.

나를 낳아준 부모조차도 내동댕이친 인생인데 앞으로 누구를 믿고 어떻게 살아야 할지 정말 아무런 희망이 보이지 않았습니다. 사람이 너무 밑바닥까지 내려가면 원망할 힘조차 없어진다는 것을 그 경험을 통해서 알았습니다. 그 이후로 원망을 할 수 있다는 것은 아직 에너지가 내 속에 남아 있다는 뜻으로 간주하게 되

하나님이 보내주신 천군천사?

었습니다. 그렇게 하루하루를 인생의 낙오자 된 마음으로, 산 사람도 아니고 죽은 사람도 아닌 채로 시간만 보내고 있었습니다. 개나 돼지가 된 듯한 느낌이었다고나 할까요? 스스로 사람이기를 포기했다고나 할까요?

그렇게 시간이 흘러갔습니다. 시간이 얼마나 흘렀는지 전혀 인식조차 없이 지냈는데 그리스도인들이 불교재단에 가까운 그곳을 방문하기 시작했습니다. 신기하게도 방문하는 사람들마다 다른 사람에게는 안내되지 않고 나한테 모두 안내되어서 몇 시간씩 머물다 가곤 했습니다.

지금 생각하면 하나님께서 보내주신 천사들이었던 것 같습니다. 불교재단과 가까운 그곳에 그리스도인들이 올 일이 있었겠는가, 생각할수록 참 신기합니다. 그리스도인 청년 몇 명과 어느 목사님, 사모님이 매일 번갈아 몇 시간씩 제 곁에 있다가 가시곤 했습니다. 처음에는 그러거나 말거나 아무 의미도 두지 않았고 전혀 관심이 없었습니다. 스스로 사람이기를 포기한 채 마지못해 살고 있었기에 그 누가 다가온들, 그 어떤 좋은 말을 듣고 사랑을 받은들 무슨 소용이 있었을까요? 매일 사랑의 마음으로 찾아오는 그들 앞에서 늘 무표정으로 꿀 먹은 벙어리로 아무 말도 하지 않고 오면 오고 가면 가나보다 그렇게 대했었던 것 같습니다.

그러나 "열 번 찍어 안 넘어 가는 나무 없다"고 했던가요? 매일 번갈아 가며 찾아오는 그들의 따뜻한 사랑이 사람이기를 포기한 나의 마음을 움직여 놓고 말았습니다. 차츰 입을 열어 말을 하기 시작했고 그들의 따뜻한 사랑에 반응하게 되고 친해지기 시작하여 차츰차츰 다시 사람이 되어가기 시작하였습니다. 그렇게 얼마간 시간이 흐르고 불현듯 '이렇게 계속 개나 돼지처럼 살 것인가' 하고 생각하면서 '이 속에서 내가 할 수 있는 무엇인가를 무엇이 됐든 찾아 해야 되겠다'는 생각을 하기 시작했습니다. 그렇게 마음을 다잡고 나서 삶이라는 것을 다시 살게 되었습니다.

그때부터 지금까지 하나님께 26년이 지나도록 변함없이 기도하고 또, 실제로 그렇게 살고 있는 기도의 삶은 다름 아닌 "하나님, 오늘부터 저는 오늘만 살겠습니다."입니다. 그때부터 26년간 오늘만 살고 있습니다. 그런 마음으로 살다보니 아무런 욕심도, 미련도, 겁도, 두려움도 없고 그냥 오늘을 열심히 최선을 다해 살 뿐입니다.

어찌 보면 이제 겨우 스물두세 살 된 아이가 할 기도는 정말 아니었음에도 불구하고 당시 제게 그런 기도와 마음이 들었던 것은 무엇 때문일까요? 이유야 어찌됐든 그렇게 해서 사람이기를 포기한 나의 인생이 다시 시작되었고 오늘도 이렇게 하나님의 은혜를 누리며 살고 있습니다.

24. 오늘만 살게 하소서

예전에 개인 홈페이지 프로필에 "오늘만 살게 하소서"라고 썼더니 어떤 분이 앞으로 살아갈 날이 창창한 나이에 이런 말 쓰면 안 된다고 야단을 치셔서 프로필 글을 지운 적이 있습니다. 그분이 보기에는 제가 이 세상을 끝내고 싶어 하는 것처럼 생각되었던 것 같습니다.

솔직한 심정으로 그 말이 아주 틀렸다고는 말하지 못하겠습니다. 누군가 만약 현재의 소원을 말해 보라고 한다면 서슴없이 "오늘 살다가 오늘 천국 가는 것!"이라고 말할 것입니다. 그러나 내 뜻대로 할 수 있는 일이 아니기에 오늘 하루도 주님의 은혜를 구하며 그 은혜를 누리고, 또한 그 은혜를 심고 전하는 삶을 살아가는 것입니다.

언젠가 친구가 "한 10년쯤 지나면 우리 집 짓고 같이 살자!"고 하는 말에 좋다 싫다 말을 하지 않으니까, 같이 살기 싫어서 말을 하지 않는 것으로 생각하고 "너, 정말 싫은 거야?" 하며 물었습니다. 그래서 솔직한 마음으로 "오래전에 하나님께 오늘 하루만 살겠다고 기도한 후에 정말 그런 마음으로 살기 때문에 미래에 대해서 뭐라고 말을 할 수 없을 뿐이야."라고 했습니다. 그랬더니 그 뜻을 충분히 이해하는 것 같았고 왜, 어떻게 그런 기도를 하게 되었는지 굳이 설명하지 않아도 알아차린 것 같아서 고마웠습니다.

26년 전, 사람이기를 포기했던 인생이었는데 무슨 미련이 있고 무슨 삶의 애착이 남아 있을까요? 더구나 중증이라고 할 정도로 우울증까지 가지고 있는 사람이었으니 오죽했겠습니까?

다만 매일매일 한결같이 찾아오는 그리스도인 청년과 목사님, 사모님을 통해 아무 값 없이 무조건적인 하나님의 사랑을 느꼈고 하나님의 사랑의 마음을 알았기 때문에 더 이상 배은망덕하면 하나님께서 정말 슬퍼하실 것 같아 마음을 다잡았습니다. 어차피 내가 살고 싶어서 사는 인생이 아니기에 죽이시든 살리시든 하나님 마음대로 하시라는 뜻으로 "하나님, 지금 이 시간부터 저는 오늘만 살겠습니다. 어제도, 내일도 없이 살겠습니다. 먹이시든 굶기시든 당신 뜻대로 하세요." 그런 마음으로 기도를 하고 결심을 한 이상 그 다음부터 나는 그저 하나님께서 쓰시는 하나의 도구로 사용되길 원했고 그렇게 살았습니다.

무엇이 되었든 필요한 곳에 쓰이는 하나의 도구라고 생각하니 무서울 것도 두려울 것도 없었습니다. 그런 마음으로 기독교와는 거리가 멀고 불교재단에 더 가까운 그곳, 40명이나 되는 사람들 가운데 여성은 6명이 전부인 그곳에서 식칼을 휘둘렀던 아저씨에서부터 꼼짝 못하고 누워만 있는 사람에게까지 골고루 다가가기 시작했습니다.

그런데 참 신기하게도 바로 얼마 전까지 사람으로 여겨지지 않던 그들이 한사람 한사람 내가 먼저 관심을 갖기 시작하니 어찌나 불쌍하고 안타깝고 가여운지요…. 그때 깨달았습니다. 그 마음이 하나님의 마음임을, 죄인을 친히 찾아 오셔서 불쌍하고 안타까운 마음으로 품으시고 끝까지 한없는 사랑으로 친히 만져주시는 그 한없는 은혜를 깨닫고 나니 그 동안 내 모습을 보시면서 주님도 그러셨겠구나 하는 생각이 들었고, 이제부터 그들과 많이 친해져야겠다는 생각이 들었고, 그들과 친해지려면 그들이 노는 세계로 들어가는 것이 가장 빠르다는 판단이 들었습니다.

어차피 오늘만 사는 인생인데 망설일 것도, 이것저것 잴 것도 없었습니다. 그때부터 같이 놀기도 하고, 밥도 먹여주고, 책도 읽어주고, 한글도 가르쳐 주고 그렇게 함께 뒹굴면서 알코올중독 아저씨가 술을 마시고 있으면 슬그머니 다가가서는 "아저씨, 그게 그렇게 맛있어요? 그럼 나도 좀 줘 봐요." 해서 술도 같이 먹고, 그 아저씨가 고스톱 치면 "나도 껴 줘요." 해서 고스톱도 같이 치고… 이제 겨우 스물두 살인 계집애가 아버지뻘 되고 삼촌뻘 되는 그분들과 그리고 놀았습니다. 상상을 한 번 해보세요! 얼마나 그 모습이 우스꽝스러웠을지를. 그러나 그 우수꽝스러운 관계 속에서 그분들의 예쁨을 받게 되었고 죽여버리겠다고 덤비던 사람도 결국에는 친해졌습니다. 나중에는 모든 직원들에게까지 예쁨을 받게 되었고 모두에게 인정받는 사람이 되었습니다. 그렇게 인정받게 되니까 어떤 말을 해도 제 말이 받아들여졌습니다.

그래서 교회를 나가는 것이 허락되었고 얼마간은 혼자만 계속 나갔는데 차츰 다른 분들도 함께 나가기 시작해서 나중에 제가 그곳에서 퇴거 할 때는 아예 목사님이 오셔서 예배를 드리게 되는 그야말로 기적이 일어났습니다. 하나님은 그렇게 당신의 방법으로 당신의 뜻을 이루어 가셨습니다.

그곳에서의 18개월이라는 시간을 그분들과 함께 뒹굴면서 늘 마음 중심에 아브라함과 함께 하셨던 하나님, 요셉과 함께 하셨던 하나님, 모세와 여호수아에게 함께 하셨던 그 하나님을 생각하게 되었고 그 마음 중심이 하루하루 살 수 있는 버팀목이 되었습니다. 말씀에 깊이 뿌리 내리지 못했더라면 아무리 오늘만 살겠다는 마음이었다 해도 아마 그 생활을 견디지 못하였을 것입니다. 사랑의 하나님께서 나와 함께 하신다는 확실한 믿음과 아래의 성경 말씀을 자면서도 맘으로 생각하며 시간을 보냈습니다.

"두려워 말라. 내가 너희와 함께 함이라. 놀라지 말라. 나는 네

당신의 방법으로 뜻을 이루어가시는 하나님

하나님께서 됨이라. 내가 너를 굳세게 하리라. 참으로 너를 도와주리라. 참으로 나의 의로운 오른손으로 너를 붙들리라."(이사야 41장 10절) "내가 네게 명령한 것이 아니냐. 강하고 담대하라. 두려워하지 말며 놀라지 말라. 네가 어디로 가든지 네 하나님 여호와가 너와 함께 하느니라 하시니라. (여호수아 1장 9절)

예전에 어느 분께 그때의 이야기를 했더니 그곳에 복음이 들어가게 하시려고 너를 그곳으로 보내신 거라고 말씀하셨는데 개인적으로 저는 그 말에 온전히 동의할 수가 없습니다. 우리 하나님은 당신의 뜻을 이루기 위해 사랑하는 자녀를 지옥으로 끌고 가는 그런 몰상식한 분이 결코 아니니까요. 다만 죄인들이 만든 최악의 환경을 차마 눈뜨고 볼 수가 없으셨기 때문에 하나님께서 너무도 안타까운 마음에 당신의 선하신 방법으로 그곳을 은혜의 자리로 만드셨을 뿐입니다.

하나님은 그런 분이십니다. 악하고 죄 많은 인간들이 스스로 더럽히고 망가뜨려 놓은 곳을 친히 찾아 가셔서 당신의 의로운 오른손으로 만지시고 일으켜 세우셔서 끝까지 사랑으로 품으시는 분, 감히 인간의 옹졸한 생각으로는 상상도 할 수 없는 그런 분이십니다. 그런 하나님께서 내 아버지라는 사실이 늘 감격이고 감사입니다.

25. 아침 먹으면서

나: 그만 먹을래요.

활동보조 하시는 분: 이건 다 먹어야지, 윤서(22개월 된 이웃집 아가)도 이 보다는 많이 먹는다. 어떻게 윤서만큼도 안 먹으려고 그래?

나: 안 넘어가요.

활: 그래도 더 먹어봐.

나: (밥을 넘기려고 하니 도로 넘어 온다)

활: (놀라시며) 왜 그래?

나: (웃으며) 몰라요, 죽을려나?

활: 안 돼, 죽으면 절대로 안 돼.

나: 왜요?

활: (웃으시며) 내가 돈을 못 벌어서 안 돼.

나: 하하하하

활: (진심어린 마음으로) 뭐 먹고 싶은거 말 해봐, 있다가 저녁

에 해 줄게.

　나: 먹고싶은 거 없어요.

　활: (걱정스런 마음과 안타까운 마음으로) 뭐가 됐든 먹는 걸 좀 잘 먹어야 사람이 힘이 나서 움직이지, 이렇게도 못 먹으면 어떻게 하나? (눈물 글썽글썽)

　나: 괜찮아요. (얼른 화제를 돌린다) 오늘은 예쁜 치마 입어야지~

　활: 힘든데 교회 가지말지.

　나: 에이~ 괜찮아요, 그 정도 아니에요(웃음)

　지난 주일 아침에 아침 먹으면서 활동보조 해주시는 분과 나눈 대화입니다. 새벽부터 머리가 심하게 아파서 애쓰다 일어나서, 큰 수저로 두 수저도 채 되지 않는 양의 밥인데 도저히 넘어가지 않아서 그 마저도 다 먹지 못하고 속이 울렁거리고 도로 올라오는 증세가 나타나면서 나눈 대화입니다.

　요즘 들어 부쩍 머리가 자주 아프고 밥 먹는 양도 자꾸 줄어드는 것 같아서 억지로라도 먹어보려고는 하는데 노력과는 무관하게 넘어가지 않고 자꾸만 도로 올라오려고 합니다.

　예전부터 두통이 잦았습니다. 목 경추 뼈 손상으로 인한 잦은 두통이 있었고 햇빛을 오래 쐬어도 머리가 심하게 아파서 예전부터 될 수 있으면 장시간 햇볕 쬐는 일은 피했습니다. 그래도 그렇게 못 참을 정도로 심하게 아픈 일은 매우 드문 일이었는데 요즘은 한 번 아프기 시작하면 두통 정도가 아니라 머리를 움직이지도 못하고 눈도 뜨기 힘들 정도로 통증이 심해졌을 뿐만 아니라 횟수도 늘어났습니다.

그러다 보니 요즘은 머리가 아프면 죽은 사람처럼 가만히 누워만 있습니다. 그러다 지난 주일에 교회 갈 마음에 힘들어 하면서도 일어나 준비하려고 이렇게 저렇게 안간힘을 쓰는 모습을 곁에서 지켜보시던 활동보조하시는 분이 끝내 눈물을 글썽이셨습니다. 아마 곁에서 지켜보시는 게 많이 힘들었나 봅니다. 그냥 집에서 쉬라고 하고 싶으나 말을 들을 것 같지 않아서 가만히 준비를 도와주시기는 하면서도 안타깝고 마음이 아프셨던 것 같습니다. 그도 그럴 것이 요즘 들어 부쩍 더 힘들어 보인다고 걱정을 많이 하시던 참인데 주일 아침에 그렇게 애쓰는 모습이 마음 아프셨던 것 같습니다.

요즘, 사람들을 만나면 많이 지쳐 보이고 힘들어 보인다는 말을 종종 듣습니다. 굳이 어떤 말과 행동을 하지 않아도 은연중에 나타나나 봅니다. 굳이 내 감정을 숨기려고 노력하지 않은 결과일 것입니다. 예전에는 아무리 힘들고 어려워도 아무도 모르게 했었는데 요즘은 굳이 내 감정을 숨기려 하지 않다보니 그런 결과를 얻는 것 같습니다.

요즘은 다 부질없다는 생각과 인생무상이라는 생각이 듭니다. 무슨 이유에서인지는 모르겠으나 그냥 지칩니다. 그냥 눈물만 주룩주룩 흐릅니다. 그래서일까요? 몇 달 전부터 나를 위한 기도가 끊겨버렸습니다. 중보기도는 해도 나를 위한 기도는 말문이 막혀 버렸습니다. 그렇다 보니 기도 제목을 물으면 할 말이 없습니다. 에너지 고갈일까요? 아니면 무엇 때문일까요? 모르겠습니다. 요즘은 그저 이끌리어 살고 있음을 더 많이 실감합니다.

내 감정대로라면 현관문을 나서는 일도 없을 것이고 사람을 만나는 일도 일체 없을 것입니다. 하나님의 손에 이끌리어 교회를 가고 하나님의 손에 이끌리어 사람을 만나고 교제를 합니다. 오늘도 그랬습니다. 아침 일찍, 아직 침대에서 일어나기도 전인데 오늘 시간 좀 내 달라는 전화를 받으며 마음 같아서는 거절하고 싶으나 그러겠노라 하고 오후시간에 만났습니다. 만나서 많은 대화를 나누었습니다. 대화를 나누며 그분은 계속 눈물을 흘리셨습니다. 그러나 헤어질 때쯤 되니 한결 밝아지셨습니다. 헤어지면서는 고맙고 감사하다고 몇 번이고 인사를 하십니다.

그분과 헤어지고 집으로 돌아오며 오늘도 이끌리어 살았구나 하고 생각합니다. 그리고 이렇게 또 하루를 하나님께서 쓰시는 도구가 되었구나 하고 생각합니다. 지치고 우울한 현재의 감정대

걱정스런 마음 안타까운 마음

로 살지 않고 하나님의 손의 이끌리어 오늘도 하나님의 도구가 되어 사는 것 그 자체가 은혜이고 감사임을 고백하며 오늘의 삶을 마감합니다.

그런데 무기력증에 빠진 이 삶도 회복이 될까요?

26. 악을 선으로 바꾸시는 하나님

　예전부터 창세기에 나오는 요셉에게 마음이 많이 갔습니다. 이유도, 원인도 모른 채 어느 날 갑자기 본인의 선택과 의지와는 전혀 무관하게 벌어진 상황, 불과 몇 시간 전 까지만 해도 아버지의 사랑을 독차지하며 부러울 것 없이 지내던 요셉에게 벌어진 마른 하늘에 날벼락 같은 그 상황을 어떻게 무엇으로 표현할 수 있을까요? 아버지의 사랑을 받은 것, 꿈을 꾼 것, 모두 요셉의 잘못이 아닙니다. 꿈은 내가 원한다고 꾸는 것이 아니라 그냥 꿔지는 것이고 요셉은 그냥 꿈 이야기를 했을 뿐이고 아버지의 사랑을 받은 것 또한 아버지인 야곱이 맹목적으로 사랑을 주었을 뿐 요셉이 아버지에게 자기만 사랑해 달라고 한 적이 없습니다.

　요셉은 그냥 주어진 환경을 누렸을 뿐인데 형들의 시기심, 즉 인간 본연의 모습인 악하고 죄된 행동의 결과로 요셉은 노예가 되고 감옥에까지 갇히게 됩니다. 이 땅에 그 어느 누구도 선택권을 가지고 태어난 사람은 아무도 없습니다. 그 누군가에 의해 태어났을 뿐입니다. 요셉이 원해서, 요셉이 선택해서 야곱의 사랑받는 아들로 태어난 것이 아님에도 불구하고 형들에게 시기의 대상이 되었고 그 시기심이 결국 핏줄을 나눈 동생을 먼 애굽에까지 팔아넘기는 결과를 초래하고 말았습니다. 이것이 바로 악하고 죄된 인간 본연의 모습입니다.

그러나 사랑의 하나님께서 요셉과 함께 하셔서 인간의 악행의 결과로 만들어진 요셉의 환경을 사랑과 은혜로 덮으시고 보디발과 간수장의 눈에까지 하나님께서 요셉과 함께하심을 보고 깨닫게 하셔서 가정 총무로, 감옥에서는 제반 사무를 보는 사람이 되게 하는 은혜를 주셨습니다. 하나님은 그렇게 요셉에게 늘 먼저 찾아가셔서 은혜로 모든 상황을 형통하게 하신 분이십니다.

흔히들 요셉을 애굽의 총리가 되게 하시려고 그런 상황들을 만들어 가셨다고 합니다. 그러나 개인적으로 저는 그렇게 보지 않습니다. 사람들이 그렇게 보는 것은, 어쩌면 사람들 스스로 위로받기 위해 하는 말이 아닌가 생각합니다. 요셉을 애굽의 총리가 되게 하려고 형들을 통해 요셉이 애굽으로 팔려간 것이 아니라 인간의 시기심에서 나온 죄악된 행동의 결과라고 생각합니다. 물론 요셉도 자신을 애굽으로 보낸 것은 형들이 아니라 하나님께서라고 말합니다. 요셉이 형들에게 그렇게 말한 이유는 오로지 형들을 위로하고 안심시키기 위해서가 아닐까요? 꿈을 꾸게 하신 것은 하나님이시지만 그 꿈을 이루기 위한 수단으로 그런 치사한 방법을 쓰시는 옹졸한 분은 아닌 줄 압니다. 그런 상황이 아니어도 하나님은 하나님의 선하신 방법으로 뜻을 이루어 가실 분입니다.

예전부터 가끔 듣는 말이 있습니다. "하나님께서 너를 하나님의 자녀 삼으셔서 너를 쓰시기 위해 일찍 부모님과 떨어지게 하셨고 그런 힘든 일들을 통과하게 하신거야."하시며 위로의 말을 전합니다. 개인적으로 그런 말에 온전히 수긍하지 못합니다. 물론 지난 날들에 대해서 조금도 원망이 없음을 고백합니다. 그렇다 하여도 있었던 일이 없었던 일이 되는 것은 아닙니다. 현재 내가 그들을 원망하지 않고 그들을 위해 기도한다고 해서, 죄악된 인간의 습성으로 사람이라면 결코 해서는 안 되는 일을 저지른 그 악하고 더러운 행보까지도 감히 하나님과 하나님의 섭리에 결부시켜서는 안 된다고 생각합니다.

하나님은 곧 사랑이라고 했습니다. 그 사랑의 하나님께서 당신의 뜻을 이루기 위해 일곱 살 된 어린 아이를 산골에 있는 절에 데려다 놓게 하셔서 무서움과 공포에 떨게 하시고 절을 나와서도 열네 살까지의 어린 삶을 구박덩어리로 살게 하시고 그 속에서 심각한 소아우울증까지 겪게 되어 열한 살짜리가 몇 번씩이나 자살 시도를 할 정도로 불행하게 하셨을 리가 만무하기 때문입니다.

그 이후의 삶을 살면서도 순간순간 굳이 겪지 않아도 될 일들

하나님은 그런 분이 아닙니다

을 겪게 되고 부딪힐 때마다 얼마나 두렵고 무서웠는지요. 그런 나의 상황이 얼마나 원망스럽고 비참했던지요. 살아있다는 것 자체가 원망이었고 비참함이었고 고통이어서 사람이기를 포기했던 그런 몹쓸 상황들을 모두 하나님께서 만드신 거라고 한다면 하나님은 결코 사랑의 하나님께서라고 할 수 없을 것입니다. 하나님은 결코 악한 인간들이 본인들의 뜻을 이루기 위해 수단과 방법을 가리지 않고 행하는 야비하고 치사한 방식에 우리를 끌고 들어가는 분이 아니라고 생각합니다. 인간의 옹졸한 생각으로 감히 크고 놀라우신 사랑의 하나님을 천박한 하나님으로 오인하는 일이 없기만을 바랄 뿐입니다.

하나님은 늘 언제나 인간이 이기심으로 만들어 놓은 악하고 더러운 환경들을 사랑과 은혜로 덮으셔서 하나님의 방법으로 하나님의 선하신 뜻을 이루어 가시는 분이십니다. 먼 이국나라 애굽으로 팔려가 의지할 곳 하나 없이 외롭게 살아가는 요셉에게 하나님께서 먼저 찾아가셔서 위로하시고 사랑과 은혜를 더하셔서 요셉이 하는 모든 일을 영화롭게 하심으로 결국 요셉의 주위 사람들까지 하나님의 살아계심을 인정하게 되듯이, 삶이 버거워 허덕일 때도 지치고 힘겨워 밑바닥까지 내려 가 있을 때도 하나님은 늘 먼저 저를 찾아와 주셨습니다. 단 한 번도 제가 먼저 하나님을 찾은 적 없습니다.

늘 먼저 찾아오셔서 위로해 주시고 은혜를 누리게 하셨고 그 은혜가 주위사람들에게까지 전달되어서 하나님을 믿지 않던 사람들 까지도 "성희씨를 보면 정말 하나님께서라는 분이 계신 것 같다."라고 하며 결국에는 하나님을 인정하게 하시는 그런 하나님께서십니다. 그렇게 하나님은 어떠한 상황에서든 은혜와 사랑으로 모든 상황들을 선으로 바꾸어 가시는 분이심을 오늘도 고백합니다.

27. 선물

누군가에게 선물을 할 때 참 많이 고민하고 생각합니다. 아마 모든 사람들이 그렇지 않을까싶습니다. 특히 손이 부자유한 장애인들은 비장애인들의 고민에 고민 하나가 더 있습니다. 다름 아닌 '어떻게 들고 가느냐' 입니다. 그나마 양손이 자유로운 장애인들 같은 경우는 부담이 조금은 덜할 것 같습니다. 같은 전동휠체어를 타고 다니는 장애인이어도 양손을 쓰는 장애인은 한 손으로 운전을 하고 나머지 한 손으로 비가 내리면 우산이라도 쓸 수가 있지만, 한 손만 쓰는 장애인인 경우에는 그 한 손으로 휠체어 운전을 해야 하기 때문에 비가 내리면 내리는 비를 고스란히 맞아야 하는 상황입니다.

전동휠체어 운전을 하는 한 손 장애인인 경우 아무리 작고 예쁜 것이어도, 아무리 직접 들고 가고 싶어도 불가능한 선물이 있습니다. 그 선물이 바로 '케익' 입니다. 케익은 흔들려도 안 되고 옆으로 뉘어져도 안 되는 물건이다 보니 케익을 사는 일은 언감생

심(焉敢生心)인 셈입니다. 지금은 아니지만 한때 생크림 케익 한 판을 혼자 거의 다 먹을 정도로 생크림 케익을 좋아했습니다. 정말 먹고 싶었던 적이 몇 번 있었으나 한 번도 사지 못했습니다. 집에 가지고 와서 편안하게 먹고 싶은데 집에까지 가져오지 못하기 때문입니다.

상황이 이렇다 보니 선물을 선택하려면 최대한 간단하면서도 받으시는 분의 마음을 기쁘게 해 드릴만한 선물을 찾아야 하는데 그 일이 그리 만만치가 않습니다. 그런데 언젠가부터 고민을 하지 않습니다. 누구에게나 잘 어울리는 선물을 찾았습니다. 그래서 10여 년 전부터는 집으로 초대를 받으면 화원에 들립니다. 꽃을 좋아하는 사람의 초대를 받아 꽃을 사려고 화원을 가려면 화원에 가기도 전부터 행복해져서 얼굴에 절로 미소가 번집니다. 예쁜 꽃을 선물할 수 있다는 것 자체가 기쁨이고 행복이고 감사입니다. 꽃 선물을 사서 가는 길이 참으로 나를 행복하게 합니다. 행복한 마음 플러스 그를 향한 기도를 꽃다발에 담아서 선물합니다. 그 작은 몇 송이의 꽃이 어느 분에게는 특별한 선물이 되기도 합니다. 30년 만에, 혹은 태어나서 처음 받는 꽃이라고 말씀하시는 어르신도 있었습니다.

한번은 먹지도 못하고 쓸모도 없는 꽃을 사왔다고 야단치시는 어르신이 계셨습니다. 그런데 그렇게 야단치실 때는 언제고 그

꽃과함께 가는 길이 얼마나 행복했던지요

꽃을 얼마나 예쁘게 말려서 간직하시던지, 1년 쯤 다시 찾아뵈었는데 그때까지 보관하고 계시는 겁니다. 그 모습에 예쁜 걸로 다시 사다 드릴 테니 이제 버리시라 하니 아직 예쁜데 왜 버리냐고 하십니다. 그 후로도 오랫동안 계속 버리지 않으시고 간직하셨습니다. 그 얼마 되지 않는 꽃 몇 송이가 뭐라고 그리 오래도록 간직하셨을까요? 이제 이 세상 분이 아닌 그분을 생각하면 지금도 그분의 따뜻한 마음이 느껴져서 눈가에 이슬이 맺힙니다.

어떤 분은 사다 드린 꽃을 나누어서 서재와 식탁과 거실에 예쁘게 올려놓고 꼭 사진을 찍어 보내주시기도 합니다. 또 어떤 분은 작은 화분에서 꽃 몽우리가 많이 생겨서 예쁜 꽃이 아주 많이 피었다고, 그 덕분에 마음까지도 예뻐지는 것 같다며 정말 고맙다는 인사와 함께 사진을 찍어서 보내주셨습니다. 그분들 모습에서 따뜻함이 느껴지고 잔잔한 감동을 받습니다.

꽃은 많은 사람들에게 미소와 아름다움을 선물합니다. 오늘도 화원에 들러 작은 꽃을 샀습니다. 꽃과 함께 초대받은 장소로 가는 길이 얼마나 행복했던지요. 꽃을 받을 분의 마음이 따뜻한 분이라 더 행복했나 봅니다. 저의 행복한 마음이 고스란히 전해졌는지 꽃을 받으시면서 "꽃을 사며 행복했을 성희씨 마음이 느껴져."라며 환하게 반겨주십니다.

저녁에 그분으로부터 "성희는 가고 없어도 성희 생각하게 하는 꽃이 남았네." 하시며 식탁에 놓여진 꽃 사진과 함께 메시지가 왔습니다. 메시지를 보며 '그냥 내가 할 수 있는 작은 마음을 전했을 뿐인데….'하는 생각에 눈가에 고마움의 눈물이 살짝 이슬로 맺힙니다.

작은 선물 하나에 서로의 따뜻한 마음을 나눌 수 있는 행복을 주셔서 감사합니다.

28. 필요에 의해

"뭐 먹을래?" "나? 전주비빔밥."

전주비빔밥, 산채비빔밥, 새싹비빔밥, 돌아다니면서 먹은 비빔밥 수만 해도 수십 그릇은 될 것 같습니다. 이렇게 말하면 정말이지 비빔밥을 엄청 좋아하는 것으로 보일 것입니다. 대전으로 이사 오면서부터는 외출을 거의 하지 않고 집에만 있게 되어서 집밥을 먹지만 전에는 일주일 동안 한 끼도 집에서 먹지 않았던 때가 있었습니다. 지금 생각하면 정말 분주하게 살았습니다. 전동휠체어로 1~2시간은 기본으로 달려야 하는 거리를 늘 다니다 보니 어쩌다 끼니때를 놓치면 그냥 거르게 되고 약속이 생겨서 식당에 밥을 먹으러 가면 늘 위에 언급한 세 가지 비빔밥 중 하나를 먹었습니다.

굳이 비빔밥을 선호하는 이유는 비빔밥을 특별히 좋아해서도 아니고, 그 식당이 비빔밥을 맛있게 해서도 아닙니다. 이유는 한 가지뿐입니다. 반찬과 밥이 한 곳에 있기 때문입니다. 지금처럼 수저질을 못 했던 것은 아니지만 그때도 손놀림이 자유롭지는 못했기에 무엇을 먹든 최대한 간단하고 편리하게 먹을 수 있는 것이어야 했습니다. 상황이 이렇다 보니 좋고 싫고 취향은 늘 뒷전이고 저것을 어떻게 먹느냐가 우선이었습니다. 그런데 비빔밥은 밥과 반찬이 한 곳에 담아져 있으니 그냥 한꺼번에 비벼서 먹기만 하면 되니까 이것저것 복잡하게 생각하지 않을 수 있어서 무조건 비빔밥만 먹었습니다.

사람들은 식당을 정할 때 무엇을 어디가 맛있게 하는가를 우선으로 정할 것입니다. 그러나 전동휠체어를 타는 장애인들은 식당을 정할 때 음식의 맛을 먼저 생각하는 것이 아니라 전동휠체어가 들어갈 수 있는지가 우선입니다. "요즘은 전동휠체어가 들어갈 수 있게 다 해 놨는데 뭘 그런 걸 걱정을 하느냐?"고 말씀하시는 분들이 있습니다. 그러나 머지않아 "정말이네, 들어갈 수 있는 곳이 별로 없네."하고 말을 합니다. 많이 좋아진 것이 사실이긴 하지만 막상 맞닥뜨려 보면 그리 녹록하지 못한 게 현실입니다.

녹록하지 못한 것이 어디 그 뿐이겠습니까. 커피를 좋아하기 때문에 하루에 한 잔씩은 거의 매일 마시는 편입니다. 그러나 장시간 외출할 일이 있으면 입에도 대지 않습니다. 커피 뿐 아니라 물처럼 생긴 것은 거의 입에 대지 않습니다. 그렇게 하다 보니 많은 분들이 '싫어서 안 먹는다'고 생각하시는데 저는 싫어하는 것

보다 좋아하는 것이 더 많습니다. 커피, 수정과, 식혜. 오렌지주스를 포함한 과일 주스…. 모두 좋아하는 것들입니다. 특히 수정과와 식혜는 아무리 배가 불러도 먹을 만큼 좋아합니다. 그렇게 좋아하는데도 마시지 않는 이유는 화장실 문제 때문입니다.

복숭아와 수박도 참 좋아하는 과일이지만 외출 시에는 절대로 먹지 않습니다. 수박과 복숭아의 90%이상이 수분이기 때문입니다. 어떻게 보면 정말 필요에 의해 살아가는 것 같은 생각이 들 때가 있습니다. 집에서도 마찬가지입니다. 떡 보다는 빵을 선호하며 빵 보다는 비스킷 종류인 과자를 더 선호합니다. 떡은 냉장보관 하게 되면 쪄서 먹어야 하는 번거로움 때문에 꼭 누군가의 도움이 필요하고 빵은 떡보다는 훨씬 편리하긴 해도 유통기한이 짧아서 오래두고 먹을 수 없습니다. 그나마 비스킷 종류인 과자는 유통기한도 길고 냉장보관 할 필요도 없고 언제 어느 때든 바로 먹을 수 있어서 가장 편리합니다.

그런 이유로 인해 우리 집에는 늘 과자가 있습니다. 상황이 이렇다 보니 많은 분들이 과자를 엄청 좋아하는 것으로 생각하십니다. 그러나 이것 역시 믿거나 말거나이겠지만 필요에 의한 것입니다. 원체 먹는 것에 관심이 없는 사람이다 보니 군것질도 잘 하지 않습니다. 예전부터도 가까이 있는 사람들로부터 "어떻게 먹을 걸 옆에 두고 며칠이 지나도 이렇게 손도 대지 않을 수 있어?" 하고 신기해하는 말을 들을 정도로 군것질을 하지 않습니다. 사람들과 어울리는 자리가 아니면 집에서는 정말 즐겨하지 않습니다. 그럼에도 불구하고 일부러, 그것도 꼭 비스킷 종류만 고집하는 이유가 있습니다. 다름 아닌 배가 고플 때 먹기 위함입니다. 평소에는 관심도 없고 옆에 있어도 거들떠보지도 않는 과자이지만 배가 고프면 꼭 찾습니다.

배고픔을 참지 못해서가 아닙니다. 배고픔을 그냥 방치하면 119에 실려가는 상황이 벌어지기 때문입니다. 십대 후반부터 생긴 저혈당 증세가 몸이 약해지면서 점점 횟수가 잦아졌고 빠른 조치를 취하지 않으면 정말 119에 실려 가는 상황이 생깁니다. 3일 전에 모처럼 친구를 만났는데 "요즘은 괜찮아?" 하더군요. 2~3개월 전에 그 친구를 만나러 가다가 갑자기 저혈당 증세로 그 친구를 놀라게 한 일이 있었는데 그 후로 계속 걱정이 됐던 모양입니다. 그때 일을 생각하면 지금도 아찔합니다. 다행히 친구를 만나기로 한 곳과 그리 멀지 않은 곳에서 발생한 일이라 친구가 얼른 달려와 빠른 조치를 취해준 덕분에 곧 괜찮아질 수 있었습니다. 가끔 길에서도 그렇게 웃지 못 할 일이 생깁니다. 그런데 머피의 법칙처럼 길에서든, 집에서든 꼭 혼자 있는 시간에 이런 증세가 나타나기 때문에 어떻게 다른 먹거리를 만들어 먹을 수는 없는 상황이라서 비스킷 종류를 선호하게 되었습니다.

비스킷이 없으면 큰 일 나거든

그래서 우리 집 식탁위에는 물과 과자가 늘 있습니다. 필요에 의해 놓여진 것이지요. 식탁 위에 늘 있다 보니, 또 배가 고파야 찾는 실정이다 보니 활동보조인들을 비롯하여 집에 오고가는 사람들이 먹는 양이 훨씬 많은 것이 사실입니다. 어느 때는 정작 주인은 맛도 못 봤는데 먹으려고 찾으면 하나도 남아있지 않은 웃지 못 할 일들이 벌어지기도 합니다. 먹는 것은 좋은데 최소한의 양심은 지켜 주었으면 정말 좋겠다는 바람이 생길 때도 있습니다. 나눔을 좋아하는 사람이라서 무엇이든 넉넉하면 나누고 집에 오는 사람들도 생각하여 늘 놔두는데 아주 가끔 '너무 오픈 했나?' 하는 생각이 들 때가 있습니다. 그럼에도 불구하고 오늘도 사다 놓았습니다. 아마 앞으로도 계속 그렇게 할 것입니다.

누가 먹든 그것과 상관없이 필요에 의해 우리 집에는 늘 비스킷이 있습니다. 언제까지 이 땅에서의 삶을 허락하실지 모르겠지만 살아있는 동안은 최대한 내가 할 수 있는 방법을 찾아서 스스로 몸을 지탱할 수 있도록 관리해야 하는 의무가 제게는 있습니다. 그 의무감이 혼자 힘으로 아무것도 할 수 없는 중증장애의 몸을 가지고 그러나 여전히 혼자 힘으로 살아가기 위한 하나의 방법이기 때문입니다.

29. 슬라이드 핸드폰

필요한 물건을 찾다가 십여 년 쯤 전에 쓰던 핸드폰을 발견했습니다. 핸드폰을 보니 그 때의 추억이 몽글몽글 올라와 가슴이 따뜻해져 옵니다.

매일매일 눈만 뜨면 술만 마시고 만취해서 집에 오면 어머니께 행패 부리던 한 장애인이 있었습니다. 아들의 그런 모습을 속수무책으로 바라볼 수밖에 없는 그의 어머니는 아들의 행패를 피해 교회로 피신을 가시기도 하고 가끔은 우리 집에도 오셔서 눈물을 훔치며 신세한탄을 하시곤 했습니다. 거의 매일 밤 술 취한 아들의 행패를 피해 교회로 가서서 눈물로 밤을 지새우는 어머니와 술만 입에 들어가기만 하면 차라리 개, 돼지가 오히려 양반이다 할 정도로 차마 사람이라고 할 수 없을 지경까지 되는 아들의 모습을 보고 있으면 너무 불쌍하고 안타까운 마음이 들었습니다.

얼마나 오랜 세월을 그렇게 살았는지 온 동네에 소문이 나서 이분들을 모르는 사람이 없을 정도였습니다. 보다 못해 한번은 그 장애인 분께 왜 그렇게 술을 마구 마시느냐, 마셨으면 고이 들어가서 잘 것이지 왜 어머니께는 행패를 부려서 어머니 마음을 그렇게 아프게 하느냐고 물어 보았습니다. 그랬더니 "술을 마시면 나도 모르게 화가 나서 그렇게 돼." 하시며 이야기를 시작하여 본인의 속에 있는 이야기를 하나하나 털어 놓기 시작했습니다. 이 분의 마음속에는 부모, 형제 그리고 사람들에게 받은 상처가 너무도 깊었습니다.

이 세상에 진실한 사람은 단 한 사람도 없다고 단정지을 정도로 멸시 천대를 받으며 살아오신 분이었습니다. 그 상처가 너무 깊어 사람에 대한 불신으로 마음에 '화'가 많은 분이었습니다. 그 '화'를 어찌 할 수 없어 매일 술을 마시기 시작한 것이 점차 습관처럼 되어버렸고 그런 마음으로 술을 마시니까 잠재되어있던 '화'가 치밀어 올라와서 본인도 모르게 행패를 부리게 되는 것 같았습니다.

조심스럽게 술을 끊을 생각은 없느냐고 묻자 "술과 담배가 내게는 가장 절친한 친구일세. 세상 사람들은 전부 나에게 상처만 안겨 줬어. 하지만 술과 담배는 나를 배반하지 않는다네." 하셨습니다. 그분의 그 말을 듣고 얼마나 마음의 상처가 깊으면 저렇게까지 말씀을 하실까 하는 생각에 마음이 아프다 못해 쓰리고 아렸습니다. 그러나 그렇게 마음만 아파하면 무엇 하겠습니까? 어떤 해결책을 찾아야지요. 어머니를 위해서라도 어떻게든 술을 줄이게 해 드리고 싶었고 그분이 생각하는 세상이 전부가 아님을 알게 해주고 싶었습니다.

많은 고민 끝에 그분께 제의를 했습니다. "술, 담배보다 더 좋은 것을 하게 해 주면 술을 먹지 않을 수 있어요?" 했더니 그런 것이 어디 있겠느냐고 하면서 무엇인지 알려고도 하지 않았습니다. 그래서 "내가 컴퓨터를 가르쳐 드릴게요." 했더니 "국민학교(초등학교)도 나오지 않은 사람이 어떻게 그 어려운 걸 배워?" 하시길래, "하나도 어렵지 않아요. 쉬우니까 아무 걱정하지 않으셔도 돼요. 쉽게 잘 가르쳐 드릴게요." 했습니다. "나는 컴퓨터도 없고 또 말이 쉽지 아무것도 모르는 나를 자네가 어떻게 가르쳐? 가르치다가 얼마 가지도 못해 갑갑해서 그만두게 될 것을 내가 아는데… 나는 싫네." 하시며 괜한 짓 하지 말라고 거절하셨습니다. 거절은 당했으나 쉽게 포기할 수가 없어서 "중간에 포기 하는지 안 하는지 두고 보면 될 거 아니에요. 끝까지 잘 가르쳐 드릴 테니 한번 배워 보시기나 해요." 하며 '열 번 찍어 안 넘어가는 나무 있으랴' 하는 마음으로 권하고, 권하고 또 권했습니다.

그 결과 어느 날인가는 드디어 "그럼 컴퓨터는?" 하십니다. 그래서 컴퓨터는 이미 준비됐으니까 배울 준비나 하라고 했습니다. 그렇게 그분께 약속을 했습니다. 그리고는 당시 가지고 있던 전

재산 300만 원을 다 털었습니다. 당시 한 달 생활비가 30만 원이었던 저에게 300만 원은 큰 돈이었습니다. 300만 원 중 일단 100만 원으로 컴퓨터를 사려고 여기 저기 알아보고서 드디어 프린터까지 합쳐 좋은 컴퓨터를 샀고, 200만 원을 가지고는 '전동스쿠터'를 샀습니다.(전동스쿠터는 전동휠체어의 한 종류인데 전동휠체어 보다 160만 원 정도 저렴한 것으로 핸들이 있어서 양손 장애인들이 나들이하기에 좋습니다.) 그분은 그 '스쿠터'를 간절히 갖고 싶어 했는데 가족들이 들은 척도 하지 않는다고 불평을 하셨습니다.

그렇게 컴퓨터도 사고 스쿠터도 샀더니 아저씨와 어머니가 아주 많이 놀라셨습니다. 놀라시는 그분들께 "놀라실 필요도 없고, 부담도 갖지 마시고 '그냥 좋은 게 하나 생겼구나'하고 편하게 생각하고 잘 타고 다니세요."라고 말씀드렸습니다. 그리고는 곧 "컴퓨터는 내가 와서 가르쳐 드릴 테니 다른 데 도망가실 생각 하지 마세요."라고 덧붙였습니다. 그렇게 컴퓨터를 가르쳐 드리기 시작하여 어언 1년간을 전동휠체어로 한 시간은 달려야하는 거리를 일주일에 두 세 번씩 가서 가르쳐 드렸습니다. 낮에는 그분 집에 가서 가르쳐 드리고 밤에는 원격으로 가르쳐 드리는 식으로 같은 프로그램을 수십 번씩 되풀이해서 가르쳐 드렸습니다. 그렇게 1년쯤 지나니 컴퓨터를 자유자재로 다루실 수 있게 되었습니다.

이후에도 자주 질문을 하셨지만 본인이 알아서 자유자재로 성경쓰기를 비롯하여 여러 곳에 글도 쓰시는 등, 네트워크에 눈을 뜨게 되었습니다. 뿐만 아니라 '술'도 차츰 끊으셨고 아주 건강한 분으로 바뀌셨습니다. 차츰 바뀌어 가시는 모습을 가장 가까이에서 지켜보시는 아저씨의 어머니는 무어라 할 수 없을 만큼 좋아하셨습니다. 그때부터 "내가 성희 은혜는 죽어서도 못 갚아."하고 입버릇처럼 말씀하시며 늘 고마워하셨습니다.

매일 밤을 행패부리는 아들을 봐야하는 노모의 모습이 너무 안타깝고 불신으로 가득 차있던 아저씨의 마음이 안타까워 아저씨가 생각하는 세상이 다가 아님을, 무엇보다 사랑의 하나님께서 얼마나 좋은 분이신지를 꼭 알고 누리게 해 드리고 싶어서 시작한 일이 드디어 열매를 맺어가기 시작했습니다. 언젠가 한번은 "내가 자네 때문에 사람이 됐네." 하시며 정말 많이 고마워하셨습니다. "나는 자네 같은 사람을 본 적이 없어. 사람들은 내가 돈이 없다고 업신여기고, 따돌리고, 무시하는데 자네는 나를 있는 모습 그대로 보아 주고 또 내가 어떤 바보 같은 말을 해도 다 받아 주고 설명해 주니 그런 사람이 또 어디 있겠나?"라고 고마움을 표현하셨습니다.

실제로 이분은 주머니에 돈 천 원, 2천 원이 전부인 분이셨고 옷과 신발도 없어 어머니 '몸빼' 바지에, 웃옷도 아무거나 걸치고

200만원 같은 20만원

운동화도 다 해어진 것을 신고 스쿠터를 타고 다니셨습니다. 그런 모습으로 다니다 보니 같은 장애인들에게까지도 무시를 당하고 따돌림을 당하기 일쑤였습니다. 그렇다 보니 늘 위축되어 있으셨지요. 그 후로 가끔 옷과 신발도 사드리고, 겨울이 되면 어머니께도 내의도 사드리고 가끔 가방도 사 드리며 몇 년간 지속적으로 관계를 맺어나갔습니다.

어느 날 이 분이 돈 20만 원을 들고 오셔서는 핸드폰을 사라고 하십니다. 그래서 "웬 핸드폰?" 했더니, "너 핸드폰 사야 하잖아. 지금 거 버리고 빨리 새로 사." 하시며 봉투를 안겨주시는 것이었습니다. 당시 가지고 있던 핸드폰이 오래돼서 됐다 안 됐다 제멋대로였습니다. 그런 핸드폰을 가지고 다니는 것을 보시고는 20만 원을 가져온 것입니다. 정말 그 돈은 받을 수가 없었습니다. 보통 사람에게 200만 원보다 그 20만 원이 그분께는 훨씬 더 큰 액수임을 너무도 잘 알고 있었기 때문이었습니다. 그래서 "나 돈 있어요." 했더니 "나도 알아. 이건 내 마음이니까 받아 둬." "그럼 마음만 감사하게 받을게요." 그렇게 계속 못 받는다고 우기니까 나중에는 그분이 그러셨습니다. "너는 사람이 그러면 안 돼. 너는 나한테 그렇게 많은 것을 해 주면서 왜 나는 아무것도 못하게 해? 안 받으면 성의를 무시하는 걸로 생각 할 거야."라고 말씀하시는데 더 이상 무어라 대답할 말이 없었습니다.

그렇게 해서 결국 200만 원보다 더 큰 20만 원을 받고 말았습니다. 본인도 무엇인가를 해 주고 싶으셔서 그렇게 차곡차곡 모아서 가져 오신 그 마음을 저버릴 수가 없었습니다. 그 20만 원은 그냥 돈이 아니라 그분의 마음이었습니다. 그리고 그 마음을 받아서 구입한 것이 '슬라이드 핸드폰'입니다. 비록 이제는 쓸모없는 기기가 되었지만 기기 속에 담겨있는 그분의 따뜻한 마음만은 아직도 고스란히 남아있기 때문에 그것은 단순한 기기가 아니라 사람의 마음을 따뜻하게 해주는 추억여행의 안내자입니다.

인생여정 길에서 이렇게 따뜻한 추억여행 길에 함께 오를 수 있는 은혜를 허락하신 하나님께 감사드리며 지금은 칠순의 나이로 혼자 생활하시는 그분이 영육 간에 강건하시기를 간절히 기도합니다.

30. 더불어 사는 삶

모처럼 아는 동생이 만나자고 연락을 해와서 약속을 하고 만나러 나갔습니다. 고등학생쯤 되어 보이는 나이 어린 친구와 함께 약속 장소에 왔습니다. 서로 인사를 하고 자리에 앉는데 '이 아이는 마음이 많이 아프구나.'라는 것이 직감적으로 느껴졌습니다. 누군가의 도움이 필요한 친구임을 알 수 있었습니다. 그 동생이 이 친구를 데리고 거기까지 나온 이유도 알 수 있을 것 같았습니다. 그러나 아무 말 하지 않았습니다. 계속 이야기가 겉돌 뿐 정작 하고 싶은 말은 피차에 꺼내지 못하고 있었습니다. 잊고 있던 18년 전의 이야기까지 꺼내면서 용기를 내 보려고 하다가 결국은 못하고 서로 작별인사하고 헤어졌습니다. 두 사람을 보내고 계속 마음이 좋지 않았습니다.

'내가 5년 전의 몸 상태이고 그때만큼만 에너지가 있어도 할 수 있을 텐데….'라는 생각과 끝까지 모른 척 한 것에 대한 미안함으로 마음이 착잡했습니다. 이렇든 저렇든 전화는 한 번 해야 할 것 같았습니다. 전화를 해서 끝까지 모르는 척 한 것을 사과하고 그렇게 할 수밖에 없던 내 상황을 설명해야 할 것 같았습니다. 그런데 그 동생도 이미 제 마음을 알고 있었습니다. 그리고 많이 미안해했습니다.

"언니, 미안해. 자주 연락 못해서 미안하고 또 언니 몸이 그렇게 많이 나빠진 것도 모르고 무리한 부탁을 하려고 했어."라고 말했습니다. 동생은 동생대로, 나는 나대로, 그렇게 서로 미안하단 말로 몇 마디의 대화를 하고 전화를 끊었습니다. 그리고 18년 전에 있었던 일을 회고(回顧)하며 우리나라의 복지와 '더불어 사는 삶'의 의미를 또 한 번 생각했습니다. 하루가 다르게 세상이 바뀌어 가고 사회가 발전하기도 하고 복지 또한 눈에 띄게 발전한 것이 사실이지만, 내용면에서 우리나라의 소외계층을 위한 복지는 18년 전이나 다름없이 여전히 제자리걸음인 것 같고 소외계층의 사람들은 오히려 더 많아진 것 같다는 슬픈 생각이 들었습니다.

18년 전, 알코올 중독에 걸린 아버지와 고등학교에 다니는 여동생과 생활하던 지적장애 3급인 친구가 있었습니다. 어느 날 갑자기 아버지가 돌아가시자 작은 아버지라는 사람이 그 친구를 길바닥에 내버리고 집을 팔아버린 후 그 친구의 동생만 데리고 가버렸습니다. 한순간에 오갈 데가 없어져 버린 친구는 다니던 교회를 비롯하여 복지기관 등 여기저기 도움을 청하다가 결국 3일 만에 "언니, 지금 언니한테 가도 돼?" 하고 전화를 했습니다.

그 전화를 받으면서 '아버지가 또 술 드시고 행패를 부리시는 구나.' 별로 대수롭지 않게 생각하고 오라고 말했습니다. 가끔 그 렇게 아버지를 피해 하룻밤씩 자고 갔기 때문에 그 날도 그런 줄 로만 알았습니다. 그런데 집에 들어온 그 친구 손에 들린 커다란 종이백이 그동안의 심상치 않았던 일들을 말해 주고 있었습니다.

친구에게서 자초지종을 들으며 어처구니없고 모순된 그 상황 에 너무 화가 났습니다. 비인간적인 작은 아버지의 행동에도 화 가 났지만, 교회든 복지기관이든 늘 입버릇처럼 소외계층인 이웃 을 돌아봐야하고 그들과 더불어 살아야 한다고 하면서도 정작 도 움이 필요하면 도움을 줄 수 없는 이유를 말하는 모순에 화가 치 밀었습니다.

그러나 그 친구 앞에서는 딱히 무어라 설명할 말이 떠오르지 않았습니다. 그냥 웃으며 "우선 당분간 나랑 같이 지내면서 방법 을 찾자."라는 말밖에는 해 줄 말이 없었지요. 그리고는 말 그대 로 1년을 함께 살았습니다.

1년을 함께 지내며 하나하나 차근차근 가르쳤습니다. 지적장 애가 있기 때문에 나이는 23살이지만 지능은 6살 수준이었습니 다. 그 정도면 상당히 양호한 장애입니다. 6살 지능인 친구이기에 무엇이든 하나하나 차근차근 가르쳐만 주면 충분히 잘 할 수 있는 친구인데 그동안 가정교육이라고는 전혀 받지 못했기 때문에 쓰레기통에 쓰레기가 차고 넘쳐도 버려야 한다는 생각도 없고, 깨끗함과 지저분함의 개념도 전혀 없는 친구였습니다. 그래서 1년간 청소, 밥, 설거지, 빨래, 정리정돈 등과 손님접대 하는 거며 남의 호의를 받으면 나도 남에게 호의를 베풀어야 한다는 것, 십일조 헌금하는 것까지도 모두 차근차근 가르쳤습니다. 그리고 직장까지 구해 주었습니다.

그러는 동안 주위 사람들에게 "오지랖도 넓다. 너도 살기 힘들면서 뭘 그렇게까지 하느냐?"는 등의 말부터 "괜히 고생하지 말고 장애인 시설에 보내라."는 등의 말까지 정말 많은 말을 들었습니다. 그들의 말을 들으며 늘 혼자 되뇌었습니다.

'저 사람들 머릿속에는 온통 장애인은 장애인 단체시설에서만 살아야 한다는 고정관념밖에는 없나? 5~6년 전에 나한테도 혼자 고생하지 말고 장애인 단체시설로 들어가라고 하더니….'

'그래, 어쩌면 저 사람들의 말이 옳을지도 몰라. 내가 오지랖을 부리고 있는지도 모르지….' 여러 가지 생각이 오갔지만 내가 틀리다는 생각은 들지 않았습니다. 오히려 그들에게 "장애인도 이 사회 속에서 당당하게 살아갈 권리가 있다"고 말해 주고 싶었습니다. "모든 장애인은 장애인 단체시설 안에 처박혀서 개, 돼지마냥 주는 거나 받아먹다가 죽어야 옳은 거냐"고 따지고도 싶었습

처음부터 하나하나 가르쳐야겠구나....

니다. 그러나 "성희씨가 성인군자냐, 자선 사업가냐?"고 하는 그들에게는 어떤 말도 하고 싶지도, 또 할 필요성도 느끼지 못했기 때문에 그냥 혼자만 속에 담고 있었습니다.

그 사람들 말이 옳습니다. 나는 자선사업가도, 성인군자도 아닙니다. 월 30만원으로 생활하는 힘 없고 보잘 것 없는 그냥 한 장애인에 불과한 사람일 뿐입니다. 그렇지만 그때나 지금이나 변함없는 생각 중 하나를 꼽으라고 한다면 "꼭 자선사업가라야만, 성인군자라야만 할 수 있는 것은 아니다."입니다.

누구나 할 수 있는 일이라 생각합니다. 그리고 누군가는 반드시 해야 하는 일이라는 생각입니다. 그것이 함께 더불어 사는 사회라고 믿습니다. 조금이라도 가능성이 있으면 그 가능성을 배우고 익히게 하여 이 사회 속에서 더불어 함께 살아갈 수 있도록 돕는 밑거름의 역할이 필요하다고 생각합니다. 할 수 있는 한 최선을 다해서 가르치고 익히게 해 보고도 그래도 안 되면 그 때 장애인 단체시설로 보내도 늦지 않다고 생각합니다.

18년 전에도 그런 마음으로 친구에게 차근차근 모든 것을 가르치며 아는 사람들의 도움을 받아 좋은 직장과 좋은 집까지 얻어 주었습니다. 그 친구는 한 직장인으로 사회 속에서 당당하게 자기의 일을 하며 자기의 권리를 지키며 비장애인들과 더불어 살아가게 되었습니다.

그런데 참으로 애석하게도 18년 전과 흡사한 일이 얼마 전에도 일어난 것입니다. 아는 동생이 데려온 친구는 한눈에 봐도 누군가의 도움이 필요해 보이는 친구였습니다. 18년 전의 그 친구의 비해 장애는 양호한 편이지만 마음을 많이 다친 친구여서 더 많이 보듬어 안아주고 사랑해 주어야 할 것 같았습니다. 18년 전의 일을 모두 알고 있던 그 동생은 '조성희'라는 사람이라면 가능할 것이라는 희망을 안고 왔는데 몇 년 만에 만난 조성희는 이전의 그 조성희가 아니었습니다. 체격도 많이 약해져 있고 이제 자기 손으로는 좋아하던 케익도 못 떠먹는 처지가 되어 있으니 차마 말을 꺼낼 수가 없었던 것입니다.

나는 나대로 가능성 있는 친구를 그냥 돌려보낼 수밖에 없는 현실이 안타깝고 마음 아팠습니다. 5년 전, 아니 3년 전의 몸 상태만 됐었어도 두 말 할 것 없이 "나랑 같이 살자!" 했을 텐데 이제는 아무리 마음이 있어도 아무런 도움이 못 되어주는 나의 처지가 슬프고 아픕니다.

한동안 잊고 있었던 '더불어 사는 삶'의 의미를 다시 한번 생각하여 봅니다. 18년 전에 오갈 데 없는 '지적장애인' 친구를 길바닥으로 내몬 세상과 교회에 몹시 화가 났습니다. "성희씨가 성인군자냐, 자선 사업가냐" 말하는 사람들에게 너무 화가 나 당시 기고하던 어느 월간지에 "신(神)이 사람을 조금 더 나은 사람과 조금 부족한 사람을 만드신 이유는 조금 더 나은 사람이 부족한 사람을 도와서 함께 더불어 살라는 뜻이 아니겠느냐'고 썼었습니다.

지금도 그 생각은 변함이 없는데, 그리고 그것이 옳다고도 믿는데 지금 나는 그렇게 살지 못하니 내 생각과 내가 한 말이 이제는 무색하게 느껴집니다.

주님! 다 망가진 이 모습으로 무엇을 하며 어떻게 살아야 합니까….

31. 내가 나를 받아들인다는 것

예전에 어느 장애인 분이 "나는 꿈에서라도 두 발로 좀 걸어 다녀봤으면 소원이 없겠다."고 말씀하셨던 것을 기억합니다. 흔히 간절히 원하는데 현실에서는 불가능하기에 꿈에서라도 해 보기를 소원하는 분들이 갖는 마음으로 그분이 하신 말씀일 것입니다. 그 말을 듣기 전까지 저는 모든 사람들이 꿈속에서 다 걸어 다니는 줄 알았습니다. 그분이 꿈속에서 한 번도 걸어 다녀 보지 못하셨다면 그와는 반대로 저는 꿈속에서 걸어 다니지 않았던 적이 한 번도 없습니다. 두 발로 걸어 다니지 못하게 된 지 26년이 지난 지금도 꿈을 꾸면 늘 걸어 다니는 모습입니다.

지금은 화장실 가는 것도, 밥을 먹는 것도 일상생활의 90% 이상이 스스로 할 수 없을 정도로 몸 상태가 나빠져서 예전에 했던 모든 일들이 불가능해졌지만, 예전에 문제없이 했었던 일들을 꿈속에서는 여전히 하고 있습니다. 지금도 꿈속에서는 여전히 누군가에게 책을 읽어주고 밥을 먹여 주며 누군가를 섬기고 무언가를 나누며 살고 있습니다. 세상은 자기중심적으로 돌아간다고 하나요? 늘 꿈속에서 걸어 다니는 모습이었기 때문에 다른 사람들도 꿈속에서 걸어 다닌다고 생각했던 것 같습니다. 심지어 한 번도 걸어 보지 못하신 장애인 분들까지도 말입니다. 그만큼 아예 관심이 없었다는 뜻이겠지요. 적어도 그 장애인 분이 그 이야기를 꺼내기 전까지는 말입니다. 그 장애인분의 말을 들으면서 의아해했습니다. '어떻게 걸어 다니는 꿈을 한 번도 안 꾸지?' 하고 말입니다.

그러나 꿈과 현실이 너무 동떨어지면 어딘가에 이상이 있다는 것을 차차 알게 되었습니다. 그것은 다름 아니라, 현실의 삶을 받아들이지 못한 마음에서 오는 마음의 병입니다. 아무리 노력을 해도 쉽사리 되지 않는 일들이 꼭 있는 것 같습니다. 현실에서는 내 손으로 옷 하나 입을 수 없고 아무리 맛있고 좋아하는 과일이 있고 간식이 냉장고 안에 있어도 그 것 하나 꺼내 먹을 수 없을 뿐 아니라 내 손으로 물 컵 하나 들지 못하는 게 지금 저의 상황입니다. 아무리 배가 고파도 남의 손을 빌리지 않으면 밥 한 끼 먹을 수 없을 정도로 망가져 버린 손이지만 꿈속에서는 전혀 다른 모습으로 현실과는 전혀 동떨어진 모습입니다. 걸어 다니지 못하게 된지 26년이 된 지금까지도 여전히 꿈속에서는 늘 걸어 다니고 90%이상 손을 사용하지 못하게 되었음에도 여전히 늘 꿈속에서는 남의 손 하나 빌리지 않는 모습인 것을 보면 내가 나를 지금 있는 그대로 받아들인다는 것이 정말 힘들고 어려운 일임을 느낍니다.

누구를 막론하고 꿈은 꿉니다. "나는 꿈을 잘 꾸지 않아" 라고 말을 하는 사람들도 본인이 기억을 못 할 뿐이지 하룻밤에 보통 몇 번은 꿈을 꾼다고 합니다. 그렇게 몇 번의 꿈을 꿔도 기억을 못하는 것이 지극히 정상적이고 건강한 것이라고 하더군요. 그런데 나는 예전부터 보통 하룻밤에 서네 번은 꿈을 꾸고 또 그 꿈을 기억하고 있습니다. 30년 전에 꾼 꿈을 지금까지 기억하는 것도 있습니다. 그보다 훨씬 전인 열한 살쯤이었는데 꿈에서 죽은 나의 모습을 본 기억도 여지껏 생생합니다. 20대 후반까지 그런 증상을 정상적인 것으로 여겼습니다. 아마 꿈의 대한 공부를 하지 않았다면 지금까지도 그렇게 생각하고 있을지도 모르겠습니다.

'장애'의 몸과 현재의 나빠진 몸 상태를 받아들이고 극복하기 힘들었을 텐데, 잘 받아들이고 극복도 잘 해서 밝게 살아가는 모습을 보면 대단하다고 말씀하시는 분들이 있습니다. 그러면 그 분들에게 장애는 '극복'이라는 게 있을 수 없고, 혹 있다면 장애를 끌어안으므로 평생 그것을 '딛고' 살아가는 것만 있을 뿐이라고 저는 말합니다. 또한 현재의 나빠진 몸에 대해서도 26년이 지났는데도 여전히 꿈을 꾸면 두 발로 걸어 다니는 꿈을 꿀 정도로 아직 내가 걷지 못한다는 것을 완전히 받아들이지 못하고 있는데, 이제 1~2년밖에 안 된 지금의 몸 상태를 어떻게 받아들일 수 있겠냐고 말을 합니다. 받아들였다고 말을 한다면 그게 더 이상한 일이고 거짓말일 것이라고 말입니다.

정말 그렇습니다. '조성희'하면 역대급(?)이라고 할 만큼 쿨하기로 인증된 사람임에도 불구하고 자기 몸에 있어서만큼은 쿨하지 못함을 인정할 수밖에 없습니다. 어쩌면 인생 끝날까지도 내 몸의 현실을 받아들이지 못하게 될지도 모르겠습니다. 이 땅에서의 삶이 언제까지 허락될지 모르지만 어쩌면 끝까지 현재의 상황을 받아들이지 못하고 지금처럼 하루에 열두 번도 더 스스로 움직이지 못하는 것 때문에 속상해 하며, 절망의 늪에도 빠지며 그렇게 오르락내리락 살게 될지도 모르겠습니다.

그러나 그렇다 하여 부정적인 생각은 하지 않습니다. 쉽지는 않지만 그런 꿈꾸는 증상들을 통하여 나의 내면을 들여다 볼 수 있고 또 그것이 나를 알아가는 데에 많은 도움이 되기 때문입니다. 내가 나의 내면을 들여다본다는 것, 그리고 내면의 장점과 단점을 모두 인정하고 받아들인다는 것이야말로 끊임없이 훈련되지 않으면 정말 어려운 일입니다. 그렇지만 조금 더 긍정적인 삶과 조금 더 풍성한 삶을 살기 위해서 반드시 필요한 일이라고 생각합니다.

장애는 '극복'이 아니라 '딛고' 사는 것

만약 그렇게 끊임없이 훈련하며 갈고 닦지 않으면 죄된 인간의 본성이 드러나 어느 순간 '부정'이라는 아이가 '긍정'이라는 아이를 무찌르고 무너뜨려 아마도 '부정'이라는 아이가 나의 내면을 지배하여 나를 '은혜 밖의 사람'으로 만들어버리게 될지도 모릅니다. '조성희'를 만나는 대부분의 사람들이 "성희씨는 언제 봐도 늘 기분 좋게 웃는 얼굴이야." 합니다. 그런 말을 들을 수 있는 이유는 끊임없이 갈고 닦고 훈련하여 그 은혜 안에 머물기 때문에, 그나마 '긍정'이라는 아이가 나의 내면에 자리를 잡고 있기 때문에 이만큼이나마 감사와 기쁨을 누리며 하루하루를 살고 있지 않나 생각합니다. 다르게 표현하면 비관(悲觀)주의가 아닌 낙관(樂觀)주의를 선택한 셈입니다.

그 옛날, 아직 '장애인'이라는 단어도 모를 나이에 영문도 모른 재 가족과 떨어져 산골 오지에 있는 절에서 무서움에 떨었던 일, 그 후 얼마 지나지 않아 장애가 있기 때문에 가족과 살 수 없음을 알고 가족이라는 울타리를 포기하며 느꼈던 절망감, 그리고 오로지 장애인이라는 이유 때문에 포기해야 했던 많은 것들과 장애인이라는 이유 때문에 부당한 대우를 받으며 억울해했던 일들…. 그 모든 것들을 그때마다 모두 받아들이고 극복해서 지금 이렇게 긍정마인드로 살 수 있는 것이 아닙니다.

굳이 말을 하자면, 비관이 아닌 낙관을 선택했기 때문입니다.

어떻게든 인생은 살아지게 돼 있습니다. 낙관이든 비관이든 인생은 살아지게 돼 있습니다. 나의 내면을 성령의 도우심으로 끊임없이 갈고 닦고 훈련하여 '긍정'이라는 아이를 선택하여 비관에서 낙관으로 옮겨 은혜 안에 머무르면 그분이 주시는 참 자유를 누릴 수 있는 특권을 하나님께로부터 받게 됩니다.

나는 앞으로도 지금처럼 그냥 살아갈 것입니다. 힘들면 힘든 대로, 슬프면 슬픈 대로 그분께 나갈 것입니다. 내 모습 이대로 솔직하게 은혜를 구하며 참 자유를 누리며 살아갈 것입니다. 우리 하나님은 그 어떠한 나의 모습도 받아주시는 분이기 때문입니다. 결코 내치시는 분이 아니므로….

32. 하나님은 누구신가

30년 전에 소그룹 모임에서 성경공부를 시작할 때 배운 내용이 "하나님은 누구신가"였습니다. 나름 잘 배웠다고 자부했었습니다. 잘 배웠다는 자부심이 있었기 때문에 훗날 리더가 되어 1:1 성경공부를 할 때도 같은 내용으로 몇 번 더 가르친 적이 있습니다. 그만큼 "하나님은 누구신가"에 대해 설명할 자신이 있었습니다. 그러나 차츰 시간이 지나자 그런 자신감이 나의 교만이었음을 알게 되었습니다. 성경을 알아갈수록, 하나님을 알아갈수록 점점 더 하나님을 설명하기가 어려워졌습니다. 하나님은 이론적으로는 설명할 수 없는 분이시기 때문입니다.

지금도 하나님을 설명하라고 하면 어떻게 설명할 자신이 없습니다. 그런 질문을 받으면 저는 분명 말문이 막힐 것입니다. 광대(廣大)하신 하나님을 설명할 방법을 도무지 모르기 때문입니다. 성경에 나오는 여러 가지 일들을 설명한다고 해도 비(非)그리스도인의 입장에서는 현실성이 없어 보일 것이기 때문에 별 효력을 보지 못할 수 있습니다. 비그리스도인의 입장에서 하나님을 알도록 설명하려면 쉬우면서도 현실성 있고 피부로 와 닿게 하나님을 느낄 수 있어야 한다고 생각합니다. 그런데 아무리 생각해도 그렇게 설명할 방법이 떠오르지 않습니다. 그래서 지금까지 신앙생활을 해 왔지만 한 번도 전도를 못 해 봤습니다.

예전에 아는 동생이 "누나가 믿는 그 하나님께서 살아있음을 내가 납득할 수 있게 설명해 줘 봐."하고 말을 했던 것을 기억합니다. 그때 그 친구에게도 "미안한데, 난 하나님을 설명할 수 없어." 라고 했었습니다. 그리고 다시 이야기를 이어갔습니다. "난 능력이 없어서 말로 하나님을 설명할 수는 없어. 그렇지만, 정말 알고 싶다면 나랑 한 달만 같이 살아보자. 그러면 하나님께서 어떤 분이신지 확실히 알게 될 거야. 하나님께서 알게 해 주실 테니까." 이렇게밖에 달리 할 말이 떠오르지 않았습니다.

정말 그렇습니다. 그때나 지금이나 말로는 하나님의 살아계심을 설명할 재주가 없습니다. 그렇지만 같이 지내면서 내 삶 속에 함께 하시는 하나님은 상대에게 보여 줄 수 있을 것 같다는 생각이 듭니다. 때문에 그렇게 말을 할 수 있습니다. 왜냐하면 그 일은 내가 하는 것이 아니라 하나님께서 하실 것이라 믿기 때문입니다. 내가 할 일이 있다면 마음으로 상대를 위해 기도하는 것인데 그 일이라면 어느 정도 할 수 있는 일입니다. 마음만 있으면 때와 장소를 가리지 않고 할 수 있는 일이 기도이고 무엇보다 긍휼과 온유로 기도할 수 있는 마음을 주셨기 때문입니다.

간혹 가다 한 번씩 정말 간절한 마음으로 중보할 일이 생길 때가 있습니다. 그럴 때면 꼭 이런 기도가 나옵니다. '사랑의 하나님, 내가 느낀 하나님을 저들도 느끼게 해 주십시오. 하나님께서 얼마나 크신 분인지, 또 얼마나 놀라울 만큼 좋으신 분인지 경험하고 느껴서 그 사랑으로 인해 더 이상 말이 필요 없을 정도의 자유함과 은혜를 누리며 살아가게 해 주세요. 하나님, 저에게 늘 그렇게 해 주셨고 지금도 그렇게 하시고 계시잖아요. 그러니 저들에게도 동일한 은혜를 주십시오.'하고 기도하게 됩니다.

혼자만의 교만한 착각인지는 모르겠지만 아주 오래전부터 특별한 하나님의 은혜를 누리며 살아 왔음을 의심하지 않습니다. 하나님께서 모두를 사랑하시는 것은 의심할 여지없는 사실입니다. 그렇지만 그 사랑의 은혜를 특별히 더 잘 받아 누리는 사람이 있는 것도 의심할 여지없는 사실인 것 같습니다. 왜, 어떻게 해서 그렇게 되는지는 정말 모르겠습니다. 정말로 설명 할 길이 없습니다. 말로는 쉽게 설명할 수 없지만 지금까지 받아 누린 하나님의 은혜를 생각하면 정말 특별한 은혜를 누렸다는 생각이 듭니다.

'조성희'에게 하나님은 늘 먼저 다가오신 분이셨고 꼭 있어야

그럼 하나님이 알게 해 주실거야

하고 필요로 하는 것들을 미처 달라고 하기도 전에 채워 주신 분이십니다. 오백 원도 없어서 라면 하나 사 먹을 수 없었던 시절, 그냥 생각으로만 '○○가 먹고 싶다'하고 있으면 불과 몇 시간이 지나지 않아서 여지없이 누군가를 통해 먹여 주셨고 필요한 모든 것들을 미처 생각하기도 전에 채워 주신 분이십니다. 26년 전 하나님을 안 믿겠다고 하나님께 큰소리치고 영적 사춘기를 겪고 있을 때도 역시나 하나님께서 먼저 저를 찾아오셔서 텅 빈 교회를 꽉 채우고도 남을 만큼의 크고 따뜻한 음성으로 "사랑하는 딸아, 내가 너를 사랑한다."고 친히 말씀하시며 당신의 품으로 안아 주셨을 때의 그 평화로움. 말로는 도저히 표현할 수 없는 그때의 그 느낌을 지금도 잊지 못합니다. 그 후에도 갱생원이라는 곳을 거쳐 알코올 중독자와, 정신이상자들이 있는, 차마 제정신으로는 살아갈 수 없을 것 같은 그런 곳에서 '사람이기를 포기한 삶'을 살고 있을 그 때에도 아브라함을 비롯하여 야곱, 요셉, 모세, 여호수아에게 늘 먼저 찾아가셨듯이 사랑의 하나님은 제게 먼저 찾아오셨습니다. 찾아 오셔서는 차라리 개, 돼지가 오히려 더 행복할 것 같은 밑바닥 인생을 살고 있는 한 영혼을 끝까지 놓지 않으시고 하루도 빠짐없이 천군천사를 보내셔서 "이 죄인이 무엇이관데 이렇게까지 사랑하시나이까."라는 말이 나올 만큼 당신의 무한한 사랑을 느끼고 알 수 있도록 친히 보여 주셨습니다.

끝까지 놓지 않으셨던 그 무한한 사랑의 힘이 아니었더라면 지금의 '조성희'는 없을 것입니다. 100% 하나님의 그 사랑의 힘에 이끌리어 다시 인생이라는 무대 위로 오르게 되어 오늘을 살게 되었습니다. 사람이기를 포기했다가 다시 사람으로 사는 인생이기에 이후로는 죽음도, 그 무엇에도 두렵거나 무서움이 없어졌습니다. 어차피 더 망가질 것이 없기 때문입니다. 하나님의 은혜로 살게 된 인생, '잘 되든 못 되든, 결과는 하나님께'라는 마음으로 살 수 있다는 생각이 들었습니다. 그런 마음으로 살기 시작했기에 '죽으면 죽으리라'는 마음으로 그 어둡고 암담한, 마치 지옥같은 인생을 살고 있는 그들에게 다가갈 수 있었습니다. 그리고 그런 마음을 제게 주신 분이 하나님께서심을 인정합니다. '빛'이라고는 찾아볼 수 없는 그곳에 결국에는 당신의 복음까지 들어가게 하여 은혜의 자리까지 만들어 가신 하나님의 사랑이 그 이유이기 때문입니다. 하나님의 무한하신 그 사랑은 그렇게 결실이 나타났고 지금까지도 시시때때로 찾아와 보여 주시고 확인시켜 주십니다.

"충분한 사랑을 받은 사람이 남을 사랑할 줄도 안다"는 말이 있듯이 그때, 그 암흑 속에 있을 때 친히 찾아오셔서 당신의 그 큰 사랑을 알고 느끼게 하신 그 하나님께서 너무 좋아서, 그리고 그 좋으신 하나님을 다른 사람들도 알고 느껴 참 자유와 풍성한 은혜를 누리며 살아가길 바라는 마음이 있어서, '슬라이드 핸드폰'

아저씨와 지적장애인 친구를 끝까지 포기하지 않을 수 있었고 그 외에도 많은 나눔과 함께 더불어 사는 삶을 살 수 있었습니다. 은혜와 사랑을 충분히 받고 있다는 마음으로 살다보니 때로 응답이 없고 안타까운 상황이 일어나도 잠잠히 온유한 마음으로 하나님의 뜻을 기다릴 수 있게 되었습니다.

'조성희'라는 사람에게 하나님은 늘 그런 분이십니다. 더 이상 설명이 필요치 않은 분, 고요한 저녁시간에 "아버지!" 하고 부르면 "사랑하는 딸아!" 하시며 무어라 형용할 수 없는 따뜻함과 포근함에 젖어들게 하시는 분이십니다. 그런 하나님께서 참 좋습니다. 그런 하나님을 너무 사랑합니다. 오늘을 살아가기 힘들고 지치는 삶이지만 하나님의 사랑이 힘들고 지치는 삶을 그냥 방치하여 내버려 두지 않고 하루하루 살아가게 하는 원동력입니다.

33 . 성희씨도 사랑해 봤어?

"성희씨도 사랑해 봤어?"

"나는 사람 아닌가요?"

"하긴 요즘 TV에서 보니 장애인도 결혼 많이 하더라."

그런 말을 들으면 '장애인은 사랑할 자격도 없다고 생각하는 건가 아니면 누군가를 사랑할 줄 아는 감정도 못 느낄 것이라고 보는 건가?' 하는 생각이 들어서 기분이 상합니다. 정말 인격적으로 궁금해서 물어보는 거라면 여섯 살 꼬마에게 물어보듯이 "성희씨도 사랑 해 봤어?"가 아니라 "성희씨는 첫 사랑이 언제야?" 하고 질문을 해야 맞지 않을까요? 이 땅의 모든 생명체들은(작디 작은 벌레들 까지도) 어느 정도의 시간이 지나고 때가 되면 짝을 이루고 알을 까고 새끼를 치는 일들이 당연합니다. 그것을 당연 하게 여기면서 어찌하여 장애인이 사랑을 하고 가정을 꾸리면 다들 그렇게 놀라워하고 신기해하는지 의문이 생깁니다.

장애인이 이동이 쉽지 않고 사회관계가 제한적인 것은 부인

할 수 없는 사실입니다. 그러나 그렇다 하여 감정까지도 제한적인 것은 아닙니다. 장애인도 비장애인과 다름없는 같은 사람입니다. 몸에 장애가 있다 하여 감정까지 장애가 있는 것은 아닙니다. 비장애인이 연애를 하고 결혼을 하여 가정을 꾸리는 일이 예사이듯이 장애인에게도 그런 일이 예사로 있을 수 있는 일입니다. 마치 나와 다른 세계의 사람들의 삶을 보듯이 TV에 나오는 장애인의 결혼 생활을 보고 동정하거나, 놀라하거나 대단하게 볼 일이 아니라고 생각합니다. 다름의 차이로 볼 수는 있어도 틀린 것으로 볼 일은 아니라는 뜻입니다.

주변에 장애인과 비장애인이 만나서 이룬 가정도 있고 장애인과 장애인이 만나서 이룬 가정도 있습니다. 아주 오래전부터 관계를 맺어 온 사이라서 그들의 삶을 깊숙이까지 알지만 그들도 비장애인 가정과 별반 다르지 않습니다. 부부싸움도 하고, 고부갈등도 있고, 아이들이 엄마, 아빠에게 대들기도 하고 또 혼나기도 하며 그렇게 보통의 모습으로 살고 있습니다.

한 가지 안타까운 점은 아이들이 커가면서 감당해야 할 몫이 너무 크다보니 나이의 비해 너무 빨리 성숙한다는 점입니다. 그러나 이러한 사례들은 장애인 가정뿐 아니라 비장애인 가정, 특히 힘들고 어려운 환경에서 자라는 자녀들에게서도 동일하게 나타납니다. 그러니까 장애인 가정에서만 일어나는 일은 아니지요.

흔히 또래보다 성숙한 아이들을 보면 대견해 하고 엄마, 아빠 속 썩이는 일없다고 좋아하는 것을 보곤 하는데 과연 그렇게 보는 게 옳은가 하는 생각이 들 때가 많습니다. 네 살 된 아이는 네 살다워야 하며 여섯 살 된 아이는 여섯 살다워야 한다고 생각합니다. 네 살 된 아이가 여섯 살 된 아이 같고 여섯 살 된 아이가 열 살, 열한 살처럼 말하고 행동한다면 좋아할 일이라기보다 안타까운 일이라 생각합니다. 타고난 성품이 성숙하다면 더 할 나위 없겠지만 환경적인 요인으로 만들어진 성숙함이라면 마냥 좋아만 할 일일까 싶은 생각이 들기 때문입니다. 대체적으로 또래보다 성숙한 아이들의 환경을 들여다보면 가정형편이 어렵거나 부모님이 장애인인 경우가 많습니다. 환경적인 제한을 받으면서 자라는 아이들은 보통의 아이들이 누리는 가장 기본적인 것조차 제한 받으며 자라게 됩니다. 그 환경적인 요인 때문에 스스로 많은 것을 포기하면서 단련되어진 성숙함 같아서 그 아이들의 모습을 보면 무척 대견하면서도 한편 마음이 아리고 아픕니다. 그리고 그렇게 커 가는 자녀들의 모습을 바라보아야 하는 그 아이들 부모의 마음도 마냥 좋아만 할 수는 없을 것 같다는 생각이 들어 안타까운 마음이 큽니다. 만약 내 아이가 나 때문에 그 또래에 누릴 것들에 제한을 받는다면 정말 견디기 어려울 것 같습니다. 그런 생각을 하면 내 아이가 없는 것이 감사한 일인지도 모르겠습니다.

우리 집에 자주 놀러오는 두 살 된 꼬마친구가 있는데 언젠가 한 번 꼬마친구 엄마가 볼일이 있어서 아주 잠깐 꼬마친구만 우리 집에 있었습니다. 평소 놀러오면 워낙 잘 지내서 괜찮으려니 했는데 엄마 없이 있는 것은 큰 무리였습니다. 엄마가 보이지 않자 울기 시작하여, 엄마가 돌아올 때까지 우는 꼬마친구를 마음으로는 이렇게 해주면 울지 않을 텐데 하면서도, 간절한 마음만 있을 뿐 한 번 안아주지도 못하고 속수무책으로 보고만 있어야 했던 그 짧은 시간이 꼬마친구에게 얼마나 많이 미안했고 얼마나 많은 생각을 하게 됐는지 모릅니다. 그날 저녁까지 많은 생각 속에 잠겨 있었고 사춘기가 채 시작되기 전부터 가정을 꾸리는 것이 소원이었을 만큼 결혼을 하여 가정을 꾸리는 것을 간절히 원했으나 결국 포기하기로 했던 것이 참 잘한 선택이었다는 생각을 다시 한 번 마음 깊이 했습니다. 남의 아이 잠깐 우는 것도 그렇게 미안하고 마음이 아픈데 만약 내 아이가 그렇게 우는데 아무것도 해 줄 수가 없다면 생각하기도 싫을 만큼 힘들고 괴로울 것 같습니다.

아이들의 마음을 잘 헤아리고 잘 읽을 줄 아니 만약 아이를 키웠으면 잘 키웠을 것 같다고 말씀해 주시는 분들이 있는데 제아무리 아이의 마음을 잘 헤아리고 읽을 줄 알면 무엇 하겠습니까? 실질적으로는 아무것도 해 줄 수 없는 장애인 엄마일 뿐인 것을…. 아무리 울어도 한 번 안아 줄 수 없고, 목욕 한 번 시킬 수도 없고,

기저귀 한 번 갈 수도 없고, 머리 한 번 묶어 주지도, 유모차 한 번 끌 수 없는 상황…. 그리고 아이가 커가면서 학교에서나 어디서든 장애인인 엄마로 인해 누려야 할 것들을 제한 받고 문제가 생긴다면 죄스러운 마음이 너무 커서 정말 견디지 못할 것 같습니다. 남편에게는 아내의 역할을 못하는 것에 대해 미안한 마음으로, 아이에게는 평생 죄스러운 마음으로 살 것 같습니다.

바로 이런 생각 때문에 제 인생에도 몇 번의 사랑이 찾아 왔었으나 결혼을 결정하지 못 했습니다. 아내의 역할, 엄마의 역할을 제대로 하지 못할 게 불 보듯 뻔한 일인데, 나는 어차피 내 장애를 감당할 수밖에 없지만 함께 사는 사람에게까지 내 장애를 감당하게 할 자신이 없었습니다. '조성희'라는 사람과 함께 산다는 이유로 뜻하지 않게 감당해야 할 몫이 너무 클 수 있겠구나!'라는 생각, 그리고 무엇보다 그 모든 것을 담담하게 바라만보며 이겨낼 자신이 없었습니다. 그랬기 때문에 가슴에 피멍이 들더라도 끊임없이 밀어내는 사랑만 했습니다.(그러나 이런 생각은 지극히 나의 개인적인 생각일 뿐입니다. 정말 건강하고 바르게 커 가는 아이를 둔 장애인 가정도 많습니다.)

이 글을 보시는 분들은 '한 번도 아니고 몇 번이나 사랑을 했었다고?' 생각하시는 분들이 있을지 모르겠습니다. 그러나 그 흔한 키스도 한번 안 해본 사람입니다.(^-^) 끊임없이 밀어내는 사랑

인생스케치 한권의 아름다운 추억들

만 했기 때문에 깊은 관계를 맺을 수가 없었습니다. 그 때문에 상대의 마음을 많이 아프게 한 것 같습니다. 아무리 다가오려고 해도 밀어내기만 했으니 얼마나 힘들었을까요? 그렇지만 그렇게 행동한 것에 대해서 단 1퍼센트도 후회하지 않습니다. 다들 지금 아들, 딸 낳아 잘 기르며 아주 잘 살고 있기 때문입니다.

후회 대신 조성희의 인생스케치 한켠에 예쁘고 아름다운 추억을 간직하게 해 준 그들에게 감사하고 고마울 따름입니다. 흔적 하나 남겨두지 않았지만(가끔 후회합니다. 많은 선물들을 그냥 가지고 있어도 될 것을….) 내 인생스케치 한켠에는 늘 자리하고 있습니다. 버스여행과 기차여행을 함께 했던 일, 생일날 한아름의 선물을 안고 나타나 나를 놀라게 했던 일, 내가 끓여 준 된장찌개를 세상에서 제일 맛있는 음식인 것처럼 먹던 일, 수술 후 병원에서 옴짝달싹 못하고 누워있던 석 달 내내 함께 있어주었던 일, 병원생활 석 달 내내 아무리 그러지 말라고 화를 내고 타일러도 끝까지 수저 한 쌍 만으로 둘이 같이 밥을 먹었던 일, 그 모든 일들이 추억으로 고이 남아 있습니다. 고이고이 잘 간직하고 있다가 나중에 호호 할머니가 되고 파파 할아버지가 될 때까지 살아 있다면 그때 다시 한 번 좋은 곳에서 차 한 잔 마시며 "우리 그 옛날에 이랬어, 기억나?" 하며 옛 추억에 잠시 젖어 보는 것도 좋겠지요….

34. 내게 있는 것으로

타인에게는 있는데 나에게 없는 것들을 부러워하거나 부끄러워하며 그것을 숨기려고 움츠려들거나 주눅 들어 살아가는 사람들이 있습니다. 그것이 학력일 수도 있고 물질을 포함한 여러 조건이나 환경일 수도 있겠지요. 그런데 이런 생각들이 깊숙이 자리 잡으면 자격지심과 열등감으로 바뀌고 결국 자존감이 낮은 사람이 될 수가 있습니다. 개인적으로 가장 불쌍하게 생각하는 부류의 사람들 중 하나는 자존감이 낮은 사람들입니다. 그들은 자격지심과 열등감이라는 '놈' 때문에 본인들이 가지고 있는 그 많은 훌륭하고 다양한 재능에도 불구하고 그것을 제대로 발휘도 못하고 썩혀 버리기 때문입니다. 본인에게 없는 것은 그것이 어떤 것이든 '저건 내 것이 아닌가보다. 에이, 아쉽지만 다른 사람이나 써 먹게 놔두자.' 이렇게 마음먹고 본인이 가지고 있는 재능들을 잘 발휘해서 살아간다면 이 사회의 구성원으로 당당하고 행복한 삶을 살아갈 수 있을 텐데 그렇게 살아가지 못하는 사람들이 안타깝고 불쌍합니다.

저의 글을 보시는 분들은 '글자 받침'이 많이 틀린다고 생각하실 겁니다. '대학공부까지 했다는 사람이 왜 모양이야.' 하시는 분들도 있을지 모르겠습니다. 대학공부까지 했으나 한글은 열 살 때 혼자 배우고 익혔습니다. 한글 뿐 아니라 숫자와 덧셈, 뺄셈, 시계 보는 것까지 거의 혼자 배우고 익혔습니다. 열 살 때, 공부를 하고 싶은데 아무도 가르쳐 줄 사람이 없었습니다. 그래서 동원할 수 있는 모든 것들을 총 동원하여 배우고 익혔습니다. '기초부터 탄탄히'라는 배움과는 전혀 무관하게 익힌 한글이다 보니 남들에 비해 문장력도 많이 떨어지고 글자 받침도 자주 틀립니다.

그러나 그것으로 인해 의기소침해 하지도, 전혀 부끄럽거나 창피하지도 않습니다. 만약 그런 마음이 조금이라도 있다면 지금 이렇게 긴 글을 쓸 생각을 하지 못했겠지요. 그런 생각은 아예 애초부터 없었던 것 같습니다. 그랬기에 십 년이라는 긴 세월 동안 교도소 재소자분들과 편지 교제를 할 수 있었고, 꽤 오랜 시간 월간지에 글을 기고할 수도 있었겠지요.

그렇지만 나의 부족함을 모르지 않습니다. 배움에 있어 기초가 얼마나 중요한지 너무 잘 알고 있기에 기초가 전혀 없는 사람으로서 나의 부족함을 어찌 모를 수가 있겠습니까? 다만 그 부족함에 얽매이지 않을 뿐입니다. '얽매임' 대신 인정하고 받아들여

'자유함'을 누리는 쪽을 선택했기 때문입니다. 글씨 좀 틀린다고 의사전달이 불가능하지 않습니다.

누구의 글을 읽든지 사람들은 글을 통하여 그 사람의 사상이나 그 사람의 관점에 관심을 갖지 받침이 틀리면 혼내려고 글을 읽지는 않습니다. 그리고 책이나 월간지는 어차피 그쪽 분야에 전문으로 글을 교정하는 분들이 계신데 걱정할 이유가 무엇이겠습니까? 받침 좀 틀린다고 책이나 월간지가 못 나오지 않습니다. 오히려 자신의 부족함에 얽매이고 묶여서 아무것도 하지 못하고 있다가 내가 가지고 있는 다른 재능까지도 활용하지 못한다면 그것이 더 안타깝고 어리석은 일이라 생각합니다.

'조성희'라는 한 사람을 놓고 보면 정말 못나고 부족함 투성이입니다. 그러나 그 못나고 부족한 것이 '조성희'의 전부는 아닙니다. 하나님께서 허락하신 좋은 재능들도 많습니다. 부족함에 얽매이고 묶여서 그 좋은 재능들조차 사용하지 못한다면 그것만큼 어리석은 것이 있을까요? 다른 사람에게 열 가지의 좋은 재능이 있고 나에게는 한 가지의 재능밖에 없다 할지라도 나에게 없는 아홉 가지의 재능을 보지 말고(그 아홉 가지는 내 것이 아니기 때문에 나에게 없는 것이라 생각하고) 한 가지의 재능을 열심히 활용하며 살아간다면 그것이 행복이 아닐까 생각합니다.

부족함은 부족함대로 인정하고 받아들여 사람들에게 양해를 구하면 된다고 생각합니다. 양해를 구할 것은 구하고, 포기할 것은 깨끗이 포기하고, 열심을 내야 할 일이 있으면 최선을 다해 노력하여, 나에게 없는 것을 보지 말고 있는 것을 활용하며 살면 되는 것이라는 생각으로 지금까지 살아 왔습니다. 바로 이런 생각 때문에 저는 많이 부족하지만 당당할 수 있었던 것 같습니다.

그 부족함이 어떤 것이든, 뭐가 됐든 괜히 주눅 들지 말고 '인정하고 밝히고 당당하자'는 것, 그리고 '끊임없이 노력하고 훈련하여 배우고 익히자'는 게 제 생각입니다. '끊임없이 노력하고 훈련하여 배우고 익히자'는 일념이 있었기 때문에 배울 기회가 있고 또 들어갈 틈이 있기만 하면 어떻게 해서든지 뚫고 들어갔습니다. 하루 12시간씩 세미나가 열리고 직장인들을 상대로 하는 교육 등 뭐가 됐든 조금의 관심이 있는 곳이면 뚫고 들어갔습니다. 그곳에서 내가 할 수 있는 최선의 노력을 다해 열심히 배우고 익혀서 나름의 방식으로 활용하며 살아왔습니다. 지금은 몸이 많이 나빠져서 어디를 혼자 가는 일이 불가능해져 그 어떤 좋은 세미나가 열리고 배울 수 있는 좋은 기회가 있어도 가지 못합니다. 그러나 아쉬움은 없습니다. 그동안 정말 열심히 다니며 배우고 나름대로 열심히 살아왔기 때문입니다.

그동안 누구 못지않게 열심히 살아왔다고 생각하기에 이제는 그만하면 됐다는 마음으로 스스로를 토닥거려주며 칭찬합니다.

얽매임 대신 자유함을 선택하기로

35. 카멜레온

"누나는 카멜레온이야."

"카멜레온? 그게 뭔데?"

"카멜레온이 뭔지 몰라? 상황의 따라 색깔이 바뀌는 도마뱀의 한 종류잖아."

"뭐야, 그럼 내가 도마뱀이란 말이야. 난 파충류 싫어! 근데 왜 내가 카멜레온이야?"

"누나는 누구를 만나든, 어떤 자리를 참석하든 그 분위기에 맞게 잘 어울리잖아."

"그래 보여?"

"누나 같은 사람 또 있을까 싶을 만큼 누나는 참 대단하다는 생각 많이 해."

"너, 뭐 잘못 했지? 안 그러고서야 이렇게 과장되게 칭찬할 리가 없어~ 너 뭐 잘못했어? 빨리 말해!"

"에이, 그거 아니라는 거 알면서, 그런데 한 가지 안타까워."

"뭐가?"

"누나 자신을 좀 사랑 했으면 좋겠어. 힘들다고 엄살도 부리고, 누나가 무슨 가시나무새야? 마치 누나는 없고 타인을 위해 사는 사람 같아 보여. 누나는 자신을 전혀 사랑하지 않는 것 같아. 누나를 보면 꼭 오늘이 마지막인 것처럼 살아가는 것 같아. 그렇게 안 했으면 좋겠어."

오래전에 아는 동생과 나눈 대화내용입니다. 거의 20년 가까이 시간이 흐르고 그 동생과는 연락도 끊겼지만 귀뚜라미 우는 가을 저녁에 맥주 한 잔 하며 나누었던 그때의 대화 내용이 제 인생 한켠에 자리하고 있습니다. 그때까지 정말 '카멜레온'이 뭔지 모르고 있었습니다. 나중에 검색을 통해 카멜레온이라고 부르는 색이 변하는 도마뱀이 있다는 사실을 알고 신기하다고 여겼습니다. 상황과 감정에 따라 색을 변화시키는 카멜레온을 보며 참 묘한 재주를 가진 녀석이라고 생각했지요. 도마뱀은 싫어하지만 카멜레온이라는 그 녀석에겐 마음이 끌렸습니다. 그리고 그 친구가 왜 나를 카멜레온이라고 했는지도 알 것 같았습니다. '조성희'의 인생에 있어서 가장 바쁘고 에너지 넘치는 시기가 그때였는데 그 당시 모든 것을 가까이에서 지켜 본 사람이 그 친구였습니다. 어디를 가든, 어느 자리에 속하든 거기에 맞게 행동하고 적응하는 모습에 끌려서 '조성희'라는 사람을 좋아하게 됐던 친구였습니다.

그런데 '카멜레온'까지라면 좋겠는데 그 친구가 보기에는 제가 마치 내일이 없는 사람처럼, 꼭 오늘로 인생을 끝낼 것처럼 스스로의 몸을 너무 돌보지 않고 자신을 너무 하찮게 여기는 것으로 보였나 봅니다. 어쩌면 그때 그 친구가 바로 본 것일지도 모르겠습니다. 나를 위해서는 김밥 한 줄 사 먹을 줄 모르고 살았으니까요. 만약 그 친구가 지금 제가 사는 모습을 본다면 "와 누나 많이 발전했는데!"하고 기뻐할 것 같습니다. 그 당시에 지금의 반만이라도 스스로를 챙겼더라면 그 친구가 그때의 저를 그렇게까지 안타까워하지 않았을 텐데 하는 생각이 듭니다.

인생을 살다보면 좋은 사람, 나쁜 사람, 이상한 사람, 정말 다양한 사람을 만나고 다양한 장소에서 다양한 경험을 하게 됩니다. 그러한 모든 경험을 담은 인생 공부를 통해 한 사람의 인생이 만들어지는 것이라 생각합니다. 다만 그 인생 공부를 어떤 관점과 어떤 사고로 받아들이고 적용하느냐에 따라 이런 사람도 될 수 있고 저런 사람도 될 수 있다고 생각됩니다.

그런 면에서 '조성희'라는 사람은 카멜레온 같은 사람이 되고 싶었던 것 같습니다. 어떤 이유에서 비롯되었는지 모르겠지만 틀에 박혀서 고집스러운 사람은 되고 싶지 않았습니다. 그런 마음이 늘 있었기 때문일까요? 책도, 사람도 종교도 불문하고 다양하게 편견 없이 만나고 접할 수 있었습니다. 무엇이 됐든, 어디가 됐든 할 수만 있으면 많은 것을 보고 익히기 원했고 또, 새로운 것을 배우고 습득하여 이전에 내가 가지고 있던 틀을 하나하나 버리고 또 버려서 어떤 상황에 처하든, 어느 자리에 참석하든, 누구를 만나든 어울릴 수 있는 사람으로 살고 싶은 생각이 들었습니다. 편견, 고정관념 이 모든 것들을 깨고 부서뜨리므로 겸손하고 가난한 마음으로 살고 싶어서 누구를 만나든 편견 없이 대할 수 있게 해 달라고 늘 기도했고 나를 만나는 사람들 또한 '조성희'라는 사람을 생각할 때 편안한 마음으로 언제든지 찾아 가서 만날 수 있는 사람으로 기억되길 바라는 마음 간절했습니다.

그래서일까요. 정말로 남녀 불문, 연령제한 없이 시간에 구애받지 않고 우리 집을 찾는 사람들이 많았습니다. (심지어 어떤 이는 새벽 세 시에도 찾아오기도 했습니다.) 20대 후반부터 대전으로 이사 오기 전까지 그런 마음으로 살았습니다. 물론 지금도 그 마음은 변함없지만 체력과 건강상의 문제로 예전처럼 자유롭지 못할 뿐입니다.

그렇게 다양한 사람들을 만나고 다양한 모임을 참여하다보면 그리스도인보다는 타 종교인을 포함하여 술, 담배 하는 사람들을 훨씬 많이 만나게 되고 집으로 찾아오는 사람들 중에도 소주를 들고 오는 사람이 상당수입니다. 그런 그들과 공감대를 이루려면 함께 마시고 나누어야 한다고 저는 생각합니다. 개인적으로 돈을 내고 술을 사서 먹지는 않지만 그렇다하여 술을 거부하지도 않습니다. 마셔야 될 상황이 되면 거부감 없이 함께 마십니다. 노래는 워낙 노래를 못 불러서 노래방을 가는 것은 좋아하지 않지만 가야 할 상황이 되면 기꺼이 함께 가서 즐거운 마음으로 몇 곡이 됐든 열심히 거부감 없이 부르며 어울리곤 합니다.

이런 나의 행동들을 보시고 "그리스도인으로 본을 보여야지 그런 사람들과 어울리면 어떻게 해?" "그런 사람과 어울리면 결국 똑같은 사람 돼!" 하시며 나무라듯 말씀하시는 장로님을 비롯하여 여러 신앙의 선배들이 있었고, 세상 사람들과 똑같이 어울리고 하나님께서 싫어하는 것들을 먹고 마시면서도 아무렇지 않게 교회를 다닌다고 비판하며 이중인격자라고도 손가락질하는 사람도 있었습니다. 그런 말을 들을 때 마다 '과연 그분들의 말씀이 옳은가?' 라는 의문이 있었습니다. 오히려 그분들이야말로 바리새인 같은 신앙인이 아닌가 하는 의문이 있었습니다. 그러나 머지않아서 그런 의문들이 사라졌습니다. 옳고 그름의 문제를 따질게 아니라는 생각이 들었기 때문입니다. 판단하는 일은 내가 할 것이 아니라는 생각이 들었습니다. "네가 무엇이관데 감히 그런 것 까지 판단하려 하느냐?" 하시는 음성이 들려오는 듯 했습니다. 그래서 그 후부터는 겸손한 자세로 받아 넘겼습니다. 그리고

누구와든 어디서든 잘 어울리는 사람

소신껏 의사를 밝히고 카멜레온(?)의 생활을 이어나갔습니다.

그때나 지금이나 변함없는 소신이 있습니다. 신앙인인 것은 틀림없는 사실이지만 내가 신앙인이라는 이유로 사람을 가려서 만나고 싶지는 않습니다. 오히려 그 반대의 사람이어야 하지 않나 생각합니다. 정말 진정한 그리스도인이라면 이렇게도 할 줄 알고, 저렇게도 할 줄 알아야 하지 않을까 생각합니다.

카멜레온이 여러 가지 색을 만들어 낸다고 하여 도마뱀이 아닌 것은 아니지요. 카멜레온은, 카멜레온의 방법으로 도마뱀이라는 자기정체성을 지켜나갑니다. 마찬가지로 '조성희'가 그 어떤 모습으로 바뀌어도 조성희가 김성희, 최성희가 될 수는 없습니다. 누가 무어라 해도 조성희라는 사람은 하나님의 은혜로 사는 사람이며 중립을 지키며 소신을 잃지 않는 사람이며 오히려 그런 모습을 통해 더 큰 은혜를 끼칠 수 있습니다. 정말로 중요한 것은 '어떤 사람들과 어울리고 무슨 음식을 먹느냐'가 아니라 '어떤 관점과 어떤 사상으로 임하는가'라고 생각합니다. 술이 죄가 아니라 술을 무분별하게 마시고 죄인보다 못한 죄인이 돼 버리는 인간이 죄입니다. 술이 아니라 그보다 더한 것을 먹고 마시며 어울리더라도·그리스도인의 정체성을 잃지 않고 그들을 판단하지 않고 한결같은 모습으로 진실하게 대한다면 결국에는 그런 나의 모습을 통하여 그들에게도 하나님의 은혜가 임하는 기적이 일어납니다.

이것이 믿음이고 신앙이라고 생각합니다. 예수님은 분명히 "의인을 부르러 온 것이 아니라 죄인을 부르러 왔다"고 하셨습니다. 죄인을 부르려면 죄인들이 있는 곳으로 찾아가서 그들과 함께 더불어 먹고 마셔야 한다고 생각합니다. 오래전 '외눈박이 마을'로 들어가신 한 선교사님이 그들과 하나 되기 위해 멀쩡한 자신의 한 쪽 눈을 빼버리는 고통을 기꺼이 감수하시면서 까지 자신의 선교사역을 담당하셨다는 이야기를 들었습니다. 우리는 감히 상상도 못 할 일이지만 우리가 할 수 있는 아주 작고 사소한 공감과 나눔도 제대로 못한다면 오히려 그게 더 큰 죄가 아닐까요?

36. 자유함

사춘기 때까지 누군가에게서 '자유'가 뭐냐고 질문을 받으면 내 마음대로 행동하는 것이라고 대답했습니다. 욕구불만이 있었던 사춘기 시절, 나에게는 자유가 없다고 생각하며 살았습니다. '악바리'에 '독종'이라는 별명이 붙을 정도로 주어진 삶에 최선을 다하면서도 마음에는 욕구불만이 가득해서 자유가 없다고 생각하며 스스로 올가미에 묶여서 행복하지 못한 삶을 살았습니다. 즐겁고 행복해서 열심을 냈던 것이 아닙니다. 아주 어릴 때부터 주위로부터 구박받고 멸시당하며 자라면서 끊임없이 무엇인가를 해야 한다고 생각했습니다. 스스로 만들어 놓은 억지열심에 세뇌된 결과임을 훗날 알게 되었습니다.

이런 일, 저런 일, 정말 어린 시절을 생각하면 억울한 일들이 많습니다. 그러나 이제는 시대를 잘못 태어나서 '억수로' 재수가 없었다고 생각하며 웃어넘길 수 있는 마음의 여유가 생겼습니다. 지금은 자유함이 있기 때문에 억울함은 사라졌습니다. 인생과 삶에 있어서 행복지수를 정하는 가장 중요한 기준 하나를 꼽으라고 한다면 '자유함'이라고 말하고 싶습니다.

그리고 지금 만약 '자유'가 무엇이냐? 고 질문한다면 '해방'이라고 말하고 싶습니다. 억지열심에서 해방되는 것, 올가미에서 해방되는 것이 자유라고 생각합니다. 우리는 스스로 만들어 놓은 올가미에 너무 많이 묶여있습니다. 누가 무어라고 말하기 전에 올가미에 묶여서 그것들에게 눌려 행인지 불행인지도 가늠하기 어려울 지경에 이르러 내가 만들어 놓은 '억지열심'의 기준 속에서 하루하루를 살아내고 있습니다.

얼마 전에 어느 분이 현재 다니는 교회가 너무 멀어서 수요예배를 가까운 교회를 찾던 중 마음에 끌리는 교회를 찾았는데 그 교회가 너무 가난해서 왠지 그냥 가서 예배만 드리면 안 될 것 같은 생각이 들어 망설이는 것을 봤습니다. "말씀은 무척 좋은데 성도가 너무 적고 재정도 매우 어려운 것 같아서 매번 빈손으로 가기가 미안해서 못가겠어!" 합니다. 그래서 스스로를 올가미에 묶지 말고 자유로워지라고, 자유함으로 예배에 참석하라고 했습니다.

예전에 어쩌다 한 번씩 돈을 빌려달라는 분들이 있었습니다. 이유를 물으면 주일헌금을 내기 위해서였습니다. 아마 거의 대부분 그런 이유를 들으면 기쁜 마음으로 빌려 줄 것입니다. 그러나 그 당시 저는 그렇게 하지 않았습니다. "차라리 지금 배가 고파서 밥 사먹게 돈을 빌려달라고 하면 주머니를 다 털어서 줄 수 있지만 주일헌금을 내기 위함이라면 빌려 줄 수 없다." 라고 말했습니다.

이 글을 보시고 '지금 헌금하지 말라는 거야?'하고 생각하시는 분도 있을 겁니다. 당연히 헌금은 내야지요. 헌금생활은 성도의 신앙고백이라고 생각합니다. 그렇기 때문에 반드시 꼭 해야 합니다. 그것은 백 번, 천 번을 생각해도 의심할 여지가 없습니다. 그러나 때로는, 그리고 정말로 드릴 예물이 없을 경우에는 그냥 예배에 참여하는 자유함도 반드시 있어야 합니다. "하나님, 어쩌다보니 오늘은 예물을 준비하지 못했습니다." 또는 "하나님, 오늘은 드릴 예물이 없어서 빈 몸으로 나왔습니다. 비록 예물은 없지만 아버지를 향한 저의 마음은 여기 있으니 이 마음만이라도 받아주시고 이 예배를 통해 아버지께서 제게 주시고자 하는 모든 것을 받기에 합당한 그릇이 되기를 원하오니 은혜를 베풀어주시옵소서." 적어도 이렇게 기도할 수 있는 자유함 정도는 있어야 하지 않을까요? 사람이 살아가면서 이런 일 저런 일 등 숱한 일을 겪는 것이 당연지사인데 하물며 헌금인들 별반 다르겠습니까?

개인적으로 헌금생활을 한지 오래 되었습니다. 작은 액수든 큰 액수든 헌금을 준비하면서 참 즐겁고 행복합니다. 그렇지만 즐겁고 행복한 것을 준비하지 못할 때도 수두룩합니다. 대전으로 이사 온 후 처음 일 년 동안은 헌금생활을 못했습니다. 생활비는 50만원이 전부인데 월세가 30만원이고 나머지를 가지고 공과금을 내고 나면 천 원도 없을 때도 있었습니다. 겨울 난방비가 무서워서 집 온도를 16~17도에 놓고 생활을 할 정도였으니 헌금 할 여유가 없었지요. 그렇다고 이런 상황 때문에 예배하는데 있어 조금이라도 낙심하거나 망설인 적은 한 번도 없었습니다. 나보다 나를 더 잘 아시는 하나님께서신데 헌금 좀 안 가져 왔다고 사랑하지 않으시는 그런 쩨쩨하고 치사한 분이 아니시라는 것을 확실히 알기 때문입니다. 있으면 있는 대로, 없으면 없는 대로, 이런 모습 저런 모습, 있는 모습 그대로 겸손하게 나아 갈수 있는 자유함이 있어야 하지 않을까요?

예배 뿐 아니라 우리의 일상도 지킬 것은 지키되 자유함을 누리고 자유함을 누리되 방종하지 않아야겠지요. 여기서 우리가 명심해야 할 것은 자유함을 누리라는 뜻이지 방종하라는 뜻이 아니라는 것입니다. 자유(自由)와 방종(放縱)은 엄연히 다릅니다. 따라서 자유함과 방종은 반드시 구분되어야 합니다. 자유의지와 함께 죄성을 가지고 태어난 인간이기에 자유함을 누리다가 도가 지나쳐 방종하게 되는 경향이 있기 때문입니다.

십여 년 전부터 알고 지내는 교회가 있습니다. 좋은 설교를 하시며 인품도 훌륭하신 목사님이 시무하는 교회입니다. 목사님은 성도들에게 그 어떤 것도 임의적으로 요구하지 않는 분입니다. 목사님은 성도가 스스로 자유함 속에서 교회의 일을 하길 원하는 분이기 때문입니다. '어떻게 저렇게 성도들 입장에서 바라보시고 욕심이 없으실까?'라고 생각이 들 정도입니다. 그런데 목사님과 달리 성도들의 수준은 정말 낮아 보였습니다. 섬김도 없고 배려도 없고 본인들의 배만 채우려는 그 교회 성도들을 보며 역시 죄인의 모습을 벗는다는 게 쉽지 않다는 것과 옥죄고 쥐어짤 수밖에 없게끔 인간들 스스로 만들고 있다는 생각이 들었습니다.

"오냐오냐하면 할아버지 수염까지 잡아당긴다."는 속담이 있듯이 인간이라는 동물 자체가 죄인이기 때문에 약간의 느슨함만 주어져도 방종하게 되는 것이 어쩌면 당연한가봅니다. 다만 끝없는 자기 훈련과 은혜가 더하여 사람다운 사람이 되는 것이라고 생각합니다. 자기훈련과 은혜가 더하여 진 사람이 자유함도 충분히 누릴 수 있을 뿐더러 방종하지도 않을 수 있다는 생각이 듭니다.

진정한 자유함이란 끝없는 자기 훈련과 겸손함으로 끊임없이 은혜를 구하고 그 은혜를 받아 누리며 즐겁고 행복한 삶을 사는 것이라 생각합니다. 우리는 사업 잘되고 자녀들 좋은 대학가게 해 달라고 구하는 등 단지 보이는 현상을 구할 것이 아니라 하나님의 은혜를 구하여야 합니다.

나보다 내 상황을 더 잘 아시니까

모든 부모의 공통점이 자녀들의 행복한 모습을 보는 것입니다. 우리 하나님도 당신의 자녀들이 행복하게 사는 모습을 보시는 것이 가장 큰 기쁨일 것입니다. 겸손함으로 은혜를 구하고 그 은혜를 받아 누림으로 즐겁고 행복한 삶을 살아 진정한 자유를 만끽하는 나의 모습을 사랑의 하나님께서 바라보신다고 상상해 보십시오. 우리 하나님께서 얼마나 좋아 하실지 상상만 해도 기쁨이 샘솟지 않습니까? 그렇게 나는 하나님으로 인해 행복하고, 하나님은 나로 인해 행복해 하시는 그런 사랑의 관계를 이루어 가길 원하는 그 마음으로 오늘도 주님의 은혜를 구하며 나아갑니다.

37. 술, 밥, 관계

"밥순아, 밥 묵자."

"내가 왜 '밥순이'예요?"

"니 밥순이 아이가? 맨날 밥 타령 하니까 밥순이 맞잖아."

밥보다 술을 더 좋아하는 아저씨 한 분이 있었습니다. 식사 때 같이 밥을 먹으면 밥은 거의 안 드시고 술로 식사를 하시는 분이 었습니다. 그러던 어느 날 아저씨가 전화를 하시더니 "술 좀 사 줘라" 하시는 것입니다. 그래서 "나는 밥 사달라고 하면 열 번, 백 번도 사 줄 수 있는데 술은 사주기 싫어요. 그러니 나를 만나시려 거든 술 사달라고 하지 말고 밥 사달라고 하세요." 했더니 "야! 술 은 천삼백 원이면 되지만 밥은 만 원은 가져야 하는데 어째서 그 바보짓을 할라꼬 하노?" "모르셨어요? 나 원래 바본데. 호호호. 좌우지간 그렇게 알고 나오세요."

이렇게 시작한 밥 타령(?)에 '밥순이'라는 별명이 붙게 됐습니다. 술을 즐겨 하진 않지만 피하지도 않다보니 자연스럽게 술자리를 자주(?) 참석하게 되는 게 사실입니다. 그러나 그때그때 상황에 따라 나름대로 법칙과 규율을 만들어서 동참하다보니 여러 다양한 별명도 붙게 됐습니다. 똑 부러진다고 하여 똑순이, 바늘로 찔려도 피 한 방울 안 나올 거라고 하여 독종, 이 외에도 차도녀, 양파, 등 여러 별명들이 붙었습니다. 조성희라는 사람을 제대로 아는 사람들은 '부어라 마셔라'를 권하지 않습니다. 통하지도 않을 뿐더러 굳이 그렇게 하지 않아도 좋은 분위기를 조성해 왔기 때문입니다. (하나님께서 굉장한 은사를 선물로 주셨습니다.)

그런데 언젠가 한 번은 정말 구제 불능인 사람을 만났습니다. 어느 단체의 회장이자 당시로는 그쪽에서 꽤 명성이 있는 분이었고 아버지뻘 되는 분이었습니다. 사업에는 성공했을지 몰라도 그분의 인성은 한 마디로 꽝이었습니다. 높은 연령과 지위를 벼슬로 여기는 것 같았고 돈이면 뭐든 다 해결된다는 사고를 가진 분이었습니다. 사람들을 본인 마음대로 휘두르고 사는 것 같은데 아무도 뭐라고 하지 못하고 그냥 시키는 대로 행동하는 모습에 주변에 있는 사람들이 하나같이 불쌍해 보였습니다. 그런데 이분이 '조성희' 라는 사람에 대해 다 알고 왔는데도 저를 깡그리 무시하고 기존 방식대로 행동을 합니다. 계속 거절을 하다가 술잔을 받아서 두 눈 똑바로 뜨고 술을 그분 보는 앞에서 버렸습니다. 순간

찬물을 껴 얹은 분위기와 동시에 그분 얼굴이 벌겋게 상기 돼 버리는 험악한 분위기를 그날 조성하고 말았습니다.

며칠 후 친구가 "성희야, 실은 그날 무슨 일이 일어날까봐 엄청 무서웠어. 그런데 넌 무섭지 않았니? 겁도 없이 대담하게 어떻게 그렇게 했어?" "응, 나야 잃을 것도 없고 얻을 것도 없는 오늘만 사는 인생이잖아? 무서울 게 없어." 하고 말했습니다. 사람을 만나고, 여러 다양한 경험을 하고 관계를 맺는 것이 성공을 위한 것도 아니었고 명성을 얻기 위한 것도 아니었습니다. 하나님께서 허락하신 오늘의 삶을 조금 더 나누며 살고 조금 더 진심으로 사람들을 대하며, 아프고 가난한 사람들과 함께하고 싶었습니다.

개인적으로 관계를 형성하는 데 가장 중요한 것으로 꼽는 것은 '상대를 지속적으로 진심어린 마음으로 대하는 자세'입니다. 진심으로 걱정해 주고 진심으로 기뻐해 주며 마음을 다해 대하다 보면 어느 순간에 상대도 나의 진심을 알고 고마워하며 조금씩 변화됨을 느낄 수 있습니다. 물론 그런 나의 진심을 업신여기는 사람도 있고 심지어 선의를 이용하는 몰상식한 인간도 많습니다. 그렇다 하더라도 그런 사람들 때문에 회피하지 않을 뿐더러 상처받지도 않습니다. 천태만상이라는 말이 있듯이 개개인의 색깔이 다 다른데 어찌 좋은 관계만 있을 수가 있겠어요. 좋은 점이 있으면 나쁜 점도 있고, 나쁜 점이 있으면 좋은 점도 있는 것이 인지상정

밥순이의 바보같은 계산법

이라 생각합니다.

　누군가에게 어떤 말과 행동을 했는데 그 모습을 지켜보신 분이 나중에 "나, 그때 성희씨 참 대단하다고 생각했어, 나는 그렇게 절대 못하는데 성희씨는 너무 자연스럽게 그 사람을 대하더라!" "성희씨 그렇게 하는 것을 보고 성희씨한테 많이 배워야겠다 생각 했어." 그 말을 듣고 '응? 나는 그냥 평상시대로 했을 뿐인데 왜 그러시지?' 하고 어리둥절해서 "그게 뭐가 대단하고, 뭘 배워요?"하고 물어봤습니다. 설명을 듣고서야 이해가 됐습니다. 얼마 전에 아는 사람이 별로 좋지 않은 행동을 했습니다. 상대방이 그런 행동을 보이면 관계를 끊을게 분명한 사람인데 자기와는 다르게 평상시대로 대하는 것을 보고 '와, 놀랍다 어떻게 저렇게 하지?'하고 생각했었던 것 같습니다.

　일반적으로 사람들은 상대방의 행동이 자기 마음에 들지 않으면 멀리하거나 관계를 끊어버리는데 '그런 방법이 최선일까?'라는 생각을 종종 하게 됩니다. 상대방이 나의 인격을 모독하는 것이 아니라면 굳이 관계를 끊을 것까지 있을까 하는 생각이 듭니다. 조금 마음에 들지 않는다고 관계를 끊으면 너무 제한적인 관계 속에 갇히는 건 아닐까요? 다섯 가지 중에 두 가지의 어떤 잘못된 행동이나 말을 했으면 그 잘못된 두 가지의 것을 조심하고 그것에 대하여는 일체 상관하지 않고 나머지 세 가지 좋은 점만 보고 관계를 이어가는 것이 현명한 선택이라고 봅니다.

　예를 들어, 금전관계가 흐린 사람과 금전관계를 했다면 깨끗이 포기하고 돌려받을 생각을 아예 말고 잊어버립니다. 이후로는 그 사람과 금전 관계만 조심하고 계속 관계를 이어갑니다. 그러다 또 다시 금전 관계를 요청받을 때는 전후 설명을 하고 정중히 거절을 해야합니다. 혹여 상대가 기분 나쁘게 받아들여서 연락을 하지 않으면 그것은 어쩔 수 없는 일입니다. 이쪽에서 관계를 끊는 것이 아니고 그쪽에서 관계를 끊는 쪽을 선택한 것이기 때문에 상대의 의견을 존중한 것뿐입니다. 끊었다가 훗날 다시 다가오면 변함없이 반겨주면 되지요.

　이렇게 관계를 이어가다 보니 크게 서운할 것도, 미워할 일도 없습니다. 어떻게 무슨 계기로 이렇게 관계를 형성하게 되었는지는 기억이 나지 않지만 항상 무슨 일이 있을 때마다 나를 돌아봅니다. 지금까지 살아오면서 '조성희' 라는 사람을 크게 싫어하는 사람은 보지 못했습니다. 그런 것을 볼 때 조성희라는 사람이 전부 좋은 면만 있고 나쁜 면은 전혀 없어서가 결코 아닙니다. 좋은 면이 있는가하면 나쁜 면도 적지 않게 있음을 아주 잘 알고 있습니다. 그런 저를 좋아해 준다는 것은 은혜의 눈으로 나쁜 점을 덮어 주시기 때문입니다. 그런 분들에게는 저절로 감사의 마음이 생깁니다. 그렇게 받은 은혜대로 타인을 보고 대하고 싶은 마음이 늘 제 안에 자리 잡고 있습니다. 누구를 미워하여 먼저 관계를 끊을 자격이 제게는 없습니다. 제가 그들보다 훨씬 많이 부족한 사람이기 때문입니다.

꼭 끊어야 할 사람이라면 굳이 끊으려고 하지 않아도 하나님께서 자연스럽게 마무리해 주십니다.

38. 열등감

20여 년 전쯤에 어느 분의 콘서트에 참석했습니다. 콘서트 내내 그분이 만들어가는 무대의 힘과 열정에 얼마나 행복한 시간을 보냈는지 모릅니다. 무대를 장악하는 힘이 얼마나 놀라운지 저절로 탄성이 나올 지경이었습니다. 그분을 보면서 '와 정말 천부적인 재능이다. 하나님께서 아주 특별한 은사를 주셨다!'라고 생각했습니다.

그분의 소식을 최근에 들었는데 20여 년 전에 그 놀라운 힘과 열정으로 무대를 장악하던, 천부적인 재능을 발휘하던 그분이 아니었습니다. 열등감이라는 놈에게 그 좋은 천부적인 재능을 모두 빼앗겨 버리고 불행이라는 늪에 빠진지 오래인 것 같았습니다.

그 소식을 듣고 얼마나 마음이 아팠는지 모릅니다. 그 좋은 재능을 가졌으면서 왜 열등감에 빠졌어야 했는지, 욕심을 버리고 하나님께서 본인에게 주신 은사를 귀히 여기고 감사의 마음으로 사람들에게 즐거움과 행복을 선사했더라면 본인도 즐겁고 행복하게 은혜를 누리며 살아갈 수 있었을텐데…. 안타까운 마음이 들었습니다. 본인의 좋은 재능을 열등감에게 빼앗겨 버리고 제대로 된 삶을 살아가지 못하는 사람이 다만 그 사람뿐인가 하는 생각이 들면 더욱 안타까운 마음입니다.

모든 사람에게는 각양각색 저마다의 은사와 달란트가 있습니다. 다만 크기와 색깔의 차이가 있을 뿐입니다. 큰 항아리와 작은 항아리가 있습니다. 큰 항아리는 큰 항아리의 역할이 있고 작은 항아리는 작은 항아리의 역할이 있습니다. 쓸모가 있고 없고의 차이가 아니라 역할의 차이입니다. 우리가 반드시 알아야 할 것은 큰 항아리의 역할이 더 크고 작은 항아리 역할이 더 작은 것은 아니라는 점입니다. 역할 분담을 위해 그냥 그렇게 만들어졌을 뿐입니다.

우리 각자의 재능도 마찬가지입니다. 각양각색의 여러 모양으로 역할을 분담하여 잘 활용하라고 나에게 꼭 맞는 재능을 주셨습니다. 우리는 주어진 재능을 즐겁고 행복하게 잘 활용하기만 하면 되는 것입니다. 다른 사람의 것을 부러워할 이유가 없습니다. 이미 나는 최고의 것을 가지고 있는데 남의 것을 부러워 할 이유가 무엇이겠습니까? 내가 가진 것이 최고의 것이라면 보이는 현상은 더 이상 중요하지 않습니다. 보이는 현상은 잠깐일 뿐입니다. 제아무리 유명하고 인기가 많은 연예인도 그 인기가 평생을 가지는 못합니다.

만나는 사람들에게 가끔 해 주는 말이 있습니다 "누가 뭐라고 해도 당신이 가지고 있는 것이 최고의 것이니 다른 아무것도 부러워 할 필요 없다"고요. 그것이 정답입니다. 누가 뭐라 해도, 그 어떤 작은 것이라 할지라도 현재 내가 가지고 있는 것이 최고의 것입니다. 그 누구도 가져갈 수 없는 나만의 재능으로 하나님께서 주신 고유한 선물이기 때문입니다.

누구를 헐뜯거나 부러워하는 싸구려 같은 열등감에 마음을 빼앗길 것이 아니라, 조금 작아 보이고 부족해 보일지라도, 그리고 설령 실제로 그렇다 하더라도 나만의 방법으로 잘 갈고 닦아 활용하는 것이 스스로의 자존감을 높이는 길이라 생각합니다. 자존감이 높은 사람은 스스로를 존중하고 아낍니다. 또한 타인을 존중하고 높여줍니다. 자존감이 높은 사람은 열등감이 없습니다. 열등감이 없는 사람은 타인을 헐뜯는 불평과 불만이 없습니다. 자기 스스로를 존중하고 사랑하는 만큼 타인의 것도 존중하고 높이며 사랑할 줄 알기 때문입니다.

가끔 타인을 헐뜯는 사람을 만납니다. 상대방에 대해서 아무것도 모르면서 마치 본인이 다 아는 것처럼, 그리고 본인이 알고 있는 것이 상대의 전부인 것 마냥 "내가 아무개를 알 만큼 아는데 머리에 든 것도 없고 별 능력도 없고…" 하면서 상대를 깎아 내리는 말을 스스럼없이 합니다.

　그런 사람에게 꼭 해 주고 싶은 말이 있습니다. "당신이 상대방을 헐뜯고 깎아 내리는 만큼 당신의 수준도 그만큼 땅으로 떨어진다는 것을 꼭 명심하라"고 말입니다. 사람들은 모르는 것 같습니다. 상대방을 높이는 만큼 나 자신이 높아진다는 것을 말입니다. 상대를 높이고 인정하는 만큼 나의 수준과 인격도 높아지고 인정받습니다. 그러므로 끝없는 훈련으로 갈고 닦아 열등감으로 똘똘 뭉쳐 교만하기까지 한 수준 낮은 인간, 자존감 낮은 사람으로 살 것이 아니라 겸손한 마음으로 나의 부족함을 한순간도 잊지 않기를 구하고 또 구해야 합니다.

　자존감이 높다는 것은 내가 부족하지 않아서가 아닙니다. 나의 부족함을 아는 것과 자존감이 높고 낮은 것은 별개라고 생각합니다. '조성희'라는 사람은 정말 부족한 점이 많은 사람입니다. 부족하고 못난 부분을 말하자면 열 손가락이 모자랄 정도인 것을 본인이 너무 잘 알고 있습니다. 그렇다 할지도 누구의 것이 부럽지는 않습니다. 제아무리 좋은 것을 가진 사람도 부럽지 않습니다. 서로의 그릇이 다른데 부러워할 이유가 무엇이겠습니까? 부러워하는 대신 함께 기뻐하고 즐거워합니다. 그래서일까요? 지금까지 단 한 번도 열등감 투성이 라는 말은 듣지 못했습니다. 오히려 건강한 자아를 가졌다는 평과 자존감이 높다는 평을 종종 들었습니다.

열등감 없고 자존감 높고 건강한 자아를 가졌다는 평은 정말 감사하고 좋은 평입니다. 그런데 이렇게 좋은 평을 듣게 된 이유가 내가 잘나서나 똑똑해서가 아님을 저는 잘 압니다. 오로지 하나님의 은혜입니다. 사도 바울이 고백 했듯이 "나는 죄인중의 괴수"임을 알고 "나의 나 된 것은 오직 주의 은혜"입니다. 그 은혜를 잊지 않는다면 겸손하게 살 수밖에 없습니다. "내가 죄인중의 괴수"임을 알고 "나의 나 된 것은 오직 주의 은혜"임을 마음 속 깊이 인식한다면 감사하지 않을 수 있을까요? 진정한 감사와 겸손이 있는 사람은 열등감이라는 하찮은 놈에게 자기 마음을 빼앗기는 대신 그것이 어떠한 것이든 내게 주신 것을 은혜의 선물로 여기고 귀하게 활용하며 살아갈 것입니다.

또한 상대방도 높여줄 수 있는 마음의 여유가 있습니다. 나의 것을 귀하게 여기고 그 마음으로 타인의 재능도 귀하게 여기며 기쁨과 감사로 함께 더불어 살아감으로 나 자신을 좀 더 귀히 여길 수 있는 우리가 되기를 기도합니다. 그 기도와 함께 오늘도 하루를 마무리하려 합니다.

꿀단지용 항아리
↓

김장용 항아리
↓

중요함의 차이가 아니라 역할의 차이

39. 하늘 상급

"나는 천국에 가기위해 봉사 하지 않아."

봉사를 천직으로 알고 시간만 나면 많은 봉사를 다니는 분이 있었습니다. 봉사를 워낙 많이 하다 보니 만나는 사람마다 "천국 상급이 클 거야!" 혹은 "좋은 일을 많이 해서 천국 갈 거야!"라는 말을 자주 들었습니다. 그런데 어느 날 그분이 "나는 천국가기 위해 혹은 천국 상급을 받기 위해 봉사를 하는 것이 아니라 내가 좋아서 하는 거야. 만약 그런 조건부라면 나는 안 할 거야!" 하고 말씀을 하는 것을 들었습니다. 오래전에 들은 말인데도 생생히 기억에 남는 것을 보면 마음에 와 닿았나 봅니다.

그분의 사상이 제 마음에 끌렸습니다. 큰 일이든 작은 일이든 조건도 없이 그 자체로 좋아하고 행복과 즐거움을 느끼며 기쁨으로 봉사하는 그분의 마음에 제 마음이 끌렸던 것 같습니다. 대부분의 사람들은 어떤 착한 행위를 하면 보상을 생각합니다. 반대로 양심에 거리끼는 행동을 하면 형벌을 생각합니다. 사람들은 스스로 조건부 인생을 만들어 그 틀에 맞추어 자기를 옭아매고 재미없는 인생을 살아갑니다. 그냥 아무 조건 없이 그 자체로 은혜를 누리며 살아가기 힘든 게 우리네 인생인가 봅니다. 하나님을 믿고 신앙생활을 한다고는 하지만 지금 현재의 삶이 힘들고 어려워 제대로 은혜를 누리지 못하고 있기에 또 다른 무엇인가를 갈구하게 되고 그것을 천국상급으로 복으로 여기는 게 아닌가 하는 생각도 듭니다. 그만큼 삶이 버겁다는 뜻이 되겠지요.

"성희씨는 좋은 일을 많이 해서 하늘나라 상급이 많을 거야" "성희씨는 봉사를 많이 해서 복 받을 거야" 저도 많이 들은 말입니다. 지금까지 살아오면서 가장 많이들은 말 중 하나인 것 같습니다. 철이 조금 덜 들었을 때는 그 말의 뜻을 몰라서 그냥 흘려들었고 철이 조금 들면서부터는 '나는 이미 상급도, 복도 받아서 천국의 삶을 누리며 살고 있는데 뭐가 더 필요하지?' 하고 생각했습니다. '이미 예수를 믿고 구원의 확신이 있으며 하나님 안에서 은혜를 누리고 사는 삶이 복이 아니고 상급이 아니면 무엇이란 말인가? 이보다 더 크고 좋은 복과 상급이 또 어디 있단 말인가?'라는 생각을 했습니다.

정말 그렇습니다. 지금 내가 하나님 안에서 누리고 있는 은혜가 최고의 복이고 하늘상급입니다. 그 상급이 너무 크고 감사해서 내게 주신 것을 나만 가지고 있을 수 없어서 큰일이든 작은 일이든 기회가 되는대로 내가 할 수 있는 것을 이웃과 함께 나누려 했을 뿐입니다. 그 이상도 그 이하도 아닙니다. 단 한 번도 내가 하는 행동이 봉사이고 좋은 일이라고 생각하지 않았습니다. 오히려 어떤 상을 주기 위해 애쓰는 사람들을 보면 그 모습이 제겐 부담이었습니다. 내가 할 수 있는 일이니까 당연히 해야 한다는 생각으로 했고 내가 할 수 있어서 하나님께 감사하는 마음으로 기쁘고 즐겁게 일을 했으며 행여나 알려질까 최대한 조용하게 처신을 했는데도 기관이나 단체에서 어떻게 알고 초빙을 하고 포상을 해 주던지 난처했던 적이 한두 번이 아니었습니다.

지금 마음만 같았어도 유연하게 생각했을 텐데 당시에는 어떤 대가를 바라고 한 일이 아니기에 그런 자리가 부담으로 느껴졌습니다. 그때나 지금이나 변함없이 상급에 대해 관심이 없습니다. 이렇다 보니 여전히 천국 상급에 대해서도 관심이 없습니다. 천국 상급의 기대를 갖기 이전에 현재 이 땅에서 주어진 복과 상급에 감사하며 천국의 삶을 살아가는 것이 현명하다고 생각합니다. 이 땅에서의 삶을 마치고 천국에 갔을 때 상급이 있을지 없을지는 아무도 모르는 일입니다. 하나님께서 주시는 상은 내가 받고 싶다고 받고 받기 싫다고 안 받는 것이 아니기 때문입니다. 나에게는 선택의 권한이 없습니다. 오직 하나님께만 있을 뿐입니다.

그것이 이미 복이자 하늘상급!

개인적으로 '꼭 하늘상급이 필요한가? 하늘상급이 뭐가 필요하지?'라는 생각을 조심스럽게 해 봅니다. 제가 그렇게 생각하는 이유는 이미 우리가 천사보다도 더 높기 때문입니다. 천국에서 우리는 천사의 시중을 받으며 사는 하나님의 자녀입니다. 우리에게는 그런 막강한 권세가 있습니다. 그 이상 무엇이 더 필요할까요? 이보다 더 큰 권세는 없습니다. 제아무리 큰 상도 이것보다 클 수는 없습니다. 이미 우리는 최고의 것을 가진 사람들입니다.

그러므로 우리는 최고의 것을 가진 사람답게 살아가기만 하면 됩니다. 언제 가도 갈 우리의 집이 있고 확실한 미래가 보장돼 있는 사람이니 현재의 나그네 된 삶을 조금 힘들고 고달픈 여행길이라 해도 잠시 머물다 갈 여행길이니만큼 세상 짐을 조금만 내려놓고 살면 좋겠습니다. 짐이 무거우면 무거운 만큼 여행길이 버겁고 힘이 듭니다. 떠나면 그만인데 무거운 인생의 짐을 지고 허덕이지 말고 하나하나 버리고 비워서 나그네의 마음으로 세상 여행 잘 하고 우리의 집(천국)으로 돌아갑시다.

우리의 아버지이신 하나님께 여행 잘 다녀왔노라고 말할 수 있는 우리 모두이길 소원합니다.

40. 나의 부모님

장애인 시설에서 사춘기 시절을 보내다 훗날 자립생활을 시작하면서 내가 차라리 고아였으면 하는 생각을 많이 했습니다. 부모님이 계시다는 이유로 서비스에 제한을 받고 경험하지 않아도 될 일들을 겪어야 한다는 사실이 너무 싫었기 때문입니다. 지난날들을 생각하면 부모님은 부모님 나름대로 하실 말씀이 많겠지만 나 또한 할 말이 참 많은 사람입니다.

부모라는 사람들이 어쩌면 이렇게까지 도움이 안 되나 싶었고 도움은 주지 못하더라도 걸림돌이라도 되지 말았으면 좋겠다는 생각을 수도 없이 했습니다. 그러나 그렇게까지 생각했던 부모님을 언젠가부터 긍휼의 마음으로 보게 되었고 진심으로 기도하게 되었습니다. 하나님께서 전혀 다른 시각으로 부모님을 보게 해 주셨기 때문입니다. 부모님을 나의 어머니, 아버지로 생각하면 여전히 빵점입니다. 그렇지만 나와 동등한 한 사람으로 생각하면 정말 불쌍한 분들입니다.

부모로써 가장 큰 슬픔은 자식을 잃은 슬픔이라고 알고 있습니다. 그런 큰 슬픔을 우리 부모님은 두 번이나 겪으셔야 했습니다. 아들을 두 명이나 잃으셨기 때문입니다. 그렇게 큰 슬픔을 두 번이나 겪었는데 그것도 모자라서 장애를 가진 딸까지 태어났습니다. 그뿐 아니라 아버지는 하시는 일마다 성과를 거두지 못했습니다. 하시는 일은 성과가 없고 생활비는 들어가고, 처자식을 먹여 살려야 하는 막중한 책임을 진 가장으로서 삶의 무게가 작지 않으셨을 겁니다. 어떻게든 처자식은 먹여 살려야겠기에 결국 도계라는 탄광으로 가시기로 결심하시고 그곳으로 이사를 하였습니다.

시대 탓일까요? 아니면 부모님의 타고난 인성 때문이었을까요? 부모님은 아들도 하나 없는데 장애가 있는 딸만 있다고 사람들이 입방아를 찧는다고 생각했습니다. 부모님을 아는 모든 사람들이 수군거리는 것 같다며 너무도 창피해 했습니다. 그 생각이 얼마나 크게 들었던지 장애가 있는 딸을 데리고 새로운 곳으로 이사를 할 수도 없었습니다. 그래서 이사를 하면서 일곱 살 된 장애인 딸을 어느 시골에 있는 절에 맡기셨고 얼마 뒤 절에서 돈을 요구하자 엄마는 딸을 들쳐 업고 당장 급한 대로 친정에다 맡겼습니다.

장애인 시설에 가기 전까지 그곳에 있게 되었는데 당신들의 딸

부모로서는 빵점!
한 사람으로서는 불쌍한 분들

이 처가(친정)에 있는 그날부터 마음의 짐을 짊어지셨던 것 같습니다. 아버지는 쉬는 날이면 어김없이 처가에 오셔서 농사일을 도왔고 듣기 싫은 외할머니의 이야기를 듣습니다. 외할머니는 지극히 개인적인 분이시고 당신 감정 그대로 말씀하는 분이었습니다. 그런 성격의 외할머니는 장애인인 어린 손녀를 구박하셨고 부모님께도 손녀를 과히 좋게 말씀하지 않았던 것 같습니다. (부모님이 외할머니를 몹시 싫어하셨다는 것을 훗날에야 알았습니다.) 이유가 어떻든 당신들의 딸이 그곳에 있다는 이유 때문에 굳이 경험하지 않아도 될 일을 겪고 듣기 힘든 말을 들어야 했을 부모님의 마음이 어떠했을지 조금은 알겠습니다.

뿐만 아니라 아버지는 탄광에 취직하신지 얼마 되지 않아 근무 중에 대형 사고를 당하셨습니다. 정말 살아난 게 기적이라 할 정도로 큰 사고였습니다. 그 사고로 인해 아버지는 꽤 오랫동안 누워 지내야만 했습니다. (이 사고로 인해 평생 후유증으로 힘들어하십니다.) 시간이 얼마나 흘렀을까 어느 정도 몸을 추스르게 되자 아버지는 다시 도계로 가십니다. 일을 하지 않으면 안 되는 상황이다 보니 달리 방법이 없었겠지요. 이 땅의 모든 부모님이 겪는 생활고이긴 한데 우리 부모님은 좀 더 힘들게 겪으신 듯합니다.

앞에서 말했듯이 부모님은 정말 이해하기 어려운 빵점짜리이지만, 이렇게 부모님 입장에서 생각하기로 작정을 하고나니 크게 이해되지 않을 것도 없고 어쩌면 부모님으로서는 그렇게 하는 것이 최선이었겠지 하는 마음도 들었습니다. 그렇게까지 남들의 눈을 의식하셨어야 했나 하는 안타까운 마음과 그런 마음으로 사셨으니 얼마나 큰 올가미에 묶여 힘이 들었을까? 생각하면 정말 불쌍한 마음이 듭니다. 그 후부터 긍휼의 마음이 생겼고 결과적으로 나 자신을 위해서도 그렇게 생각하기로 마음먹은 것이 참 잘한 것 같습니다. 부모님에 대해 그렇게 생각하고 나니 한결 편해졌고 조금이나마 마음으로 사랑하고 기도할 수 있어서 감사합니다. 사랑하는 마음이 있어야 기도가 나오니까요.